ℚ Onslaught South Asia Series no 5

Goa

A Garland of Poems

Edited by Rochelle Potkar
Irish-language transcreations by Gabriel Rosenstock

Published by The Onslaught Press
11 Ridley Road, OX4 2QJ
on the Winter Solstice 2017

/▀▀\

ISBN: **978-1-912111-66-4**

Typeset in Sebastian Kosch's **Crimson Text**

and printed by **Lightning Source** in the UK and US for the world

Nár dhéana an leabhar seo dochar d'éinne.

℗

This book wouldn't have come about without the generous and timely help of Damodar Mauzo, Jessica Faleiro, Jose Lourenco, & Shubha Kandhekar.

Table of Poets

Poetry's Struggle for Existence
A note from the Irish transcreator

On receiving an invitation to read in Goa, I boldly suggested to the organisers that we embark on an anthology of Goan poetry and that I would gladly supply Irish-language transcreations of Anglophone, Konkani and Lusophone poets. *Chutzpah!*

Anyway, this cheeky proposal was accepted with enthusiasm, I am happy to say. My hope was that a template thus created might suit translations into various other more widely read languages—a few languages of India as well. Why not! A thousand thanks to everyone who has had a hand in the making of this book, an anthology of many voices. *Floreant*, as they say in Latin—may they flourish!

As a poet-translator (or *transcreator*), I knew that the best way to get to know Goa was through her poems. A translator briefly inhabits the living entity that we call a poem, is embraced and changed by that entity. Poetic translation is not a mechanical exercise; it is, rather, a spiritual act, a communion, a receiving and a transferal of grace.

An overview of poetry from India's smallest state might commence with the poet-saint Namdev. Bhakti poetry has a very precious niche all of its own in the annals of world literature. Having said that, thank God not all the poets of India and Ireland were saints. Rogues and sinners versify too.

Turning to Christianity, Fr Joaquim Miranda's religious poem in Konkani 'Riglo Jesu Molleantu' ('Jesus Entered the Garden') has that personal note of intimacy which we find in the religious keening of the Gael, such as 'Caoineadh na Maighdine' and, of course, some of the proverbs in this anthology find echoes in Ireland too: a Konkani proverb tells us that the carpenter's house often has a leak and the Irish one says a tailor often has a hole in the seat of his trousers.

Goa and Ireland share a colonial past. Both cultures have extraordinary rich native and non-native traditions, customs, folkways and beliefs, many of which have been coloured by Catholicism.

Ireland has its own indigenous language, Irish (Gaelic)—the literary medium of my choice and the oldest literary language in Western Europe; Goa, too, has its indigenous tongue, Konkani, unheard of, almost, in Ireland.

Why are there so many languages that we have never heard of? Schoolchildren around the world can probably rattle off more animal species than names of languages. Why is a tarantula more interesting than Konkani, let us say? Puzzling for me, and equally so for the tarantula, I imagine.

Konkani and Irish suffered near obliteration. It's impossible to say what future lies in store for them but poets, surely, are involved in their fate. Can we predict the future of any language? India herself has a thousand languages or more; currently, 191 of them are endangered, if you believe *Wikipedia*. How many of India's languages, not yet on the danger list, will still have a thriving literature in a hundred years from now: Tamil? Kannada? Telugu? Urdu? Bangla? Malayalam?

Our current Taoiseach (Prime Minister), Leo Varadkar, speaks Irish with a greater degree of fluency than many of our former Taoisigh (albeit with the help of an autocue) and is himself of Konkani extraction; so now might be a good time for an anthology of Goan poetry with Irish-language versions!

By the way, is there a Konkani term for 'autocue'? In Irish it's *'uathleideoir'* but not many Irish politicians who use the said convenience would be aware of that!

> *Nothing is more difficult than to translate the poetry of one language into another ... Nevertheless, it is necessary that good poetry in one language should be translated into another and thus other countries and other people might be made to have a glimpse of the spirit of a nation ...*

This was said by none other than Jawaharlal Nehru when asked to write an Introduction to a volume by a Hindi poet, Bachchan. That was in 1949, the year I was born and the year of the Ireland Act, severing ourselves forever from the wretched Crown. (Goa, as we know, would not end 451 years of Portuguese rule until 1961).

I was moved by Bachchan's dedication page which simply says:

To
a world in which poetry struggles for existence.

How similar they are in many respects, the struggle for existence which a language may suffer, and the struggle which poetry must endure from age to age. This is why it is necessary for all poets—everywhere—to consciously declare themselves on the side of language and the survival of languages. We can make a difference, however small.

We know that in recent decades, languages have been dying at the rate of one a fortnight! What can be done? Awareness is everything. Perhaps I lacked awareness when describing Bachchan as a Hindi poet. It would be more accurate to call him an Awadhi poet! I also lacked awareness and sensitivity when quoting Nehru; after all, not everyone was in favour of his annexation of the Portuguese territories of Goa, Daman and Diu! Let it be said that I write these words simply as a poet-translator, forever intent on exploring new poetic vistas, not as someone with any expertise in this particular field.

Awareness leads to tolerance. (Is tolerance enough?) The Anglophone, Luso-phone, Francophone or Hispanophone, for instance, must show the way to others—and to themselves—by becoming culturally aware and, thus, tolerant of other languages, or better still, actively supportive of those languages which his or her dominant language may once have suppressed or, in less obvious ways, may still be suppressing. I discussed this point with my brother Greg, who has this to say:

The dominant languages of former empires—not excluding the current American
empire—have forced minority languages into subsistence mode, as indeed those
former empires had done to their subjects. In a world where more people than ever
are literate and numerate and where democracies worldwide aspire to equal rights
for all people, the onus is on speakers of the dominant languages of the world to
ensure that no lesser spoken language is overlooked and threatened with extinction.
To this effect, our role as caretakers of the planet's ecology to ensure a thriving

and sustainable future for our children goes hand-in-hand with our responsibility to preserve the astonishing variety and irreplaceable diversity of our linguistic and cultural modes of expression.'

This is not an extract from some academic tome. It's simply an observation worth sharing, I thought. The cultural tapestry of the world is being torn and is losing its vibrancy and richness of colour in favour of linguistic homogeneousness and uniformity.

I would argue that it is urgently necessary to have post-colonial studies as part of the school curriculum in every country which has had a colonial past. The Scandinavian best-selling author Henning Mankell says in *The Man from Beijing* that the roots of colonialism go very deep and may have to be cut more than once!

Who would wish to remain a monoglot? Somebody in the Bible Belt of the USA was quoted as saying, *'If English was good enough for Jesus, it's good enough for me.'* There you have it in a nutshell, spoken by a nut.

India, including Goa, is very lucky to have so many voices. There may be more than a hundred languages recognized by Irish courts but we are overwhelmingly English-speaking and, lately, the interrogative intonation of American English is noticeable not only in English as spoken in Ireland but in Irish as well. As Spock would say: *it is not life as we know or understand it*!

Something utterly astonishing happens when one embraces another language. One becomes more fully human because one begins to understand that the world can be viewed, heard, tasted, intuited, experienced and expressed in so many other ways than previously imagined.

The actor who played Spock, by the way, was a Yiddish enthusiast and we all know the fate of that particular language. (It has been estimated that five million who perished in the Holocaust were Yiddish speakers). Spock's Vulcan salute, *'live long and prosper'* was in imitation of a gesture made by a rabbi in a synagogue. A childhood memory. But let's get back to Goa.

It has been claimed that the Muslim poet Yusuf A. Shaikh integrated himself fully into the manifold strands of Goan culture simply by embracing Konkani. Not surprising. And by his use of such poetic forms as the ghazal, associated with Muslim poets, he enriched the native poetics of Goa.

Laxmanrao Sardessai (not to be confused with Manohar Sardessai, mentioned below), was a prolific writer who wrote in Marathi, Portuguese and Konkani. How many trilingual writers can you name? The fascinating thing about Laxmanrao is that he was imprisoned twice by the Portuguese for subversive activities but began to write poems in his sixties in the very language of those he was fighting against! Nothing is black and white, not in Goa, not in Ireland.

Looking in from the outside, Konkani poetry seems to be alive and kicking especially when a volume *Sudhirsukt* (2013), represented in this anthology, by former parliamentarian Vishnu Surya Wagh caused headlines and divided the community. Many called for the book to be banned.

Not so long ago, Ireland banned a long poem, 'The Midnight Court'. Curiously enough, the ban did not extend to the original Irish-language text of the poem, 'Cúirt an Mheon Oíche'. The wily bishops, many of whom were agents of Anglicisation in Ireland, probably guessed that there were scarcely enough readers of Irish left, or might well have suspected them of illiteracy.

The poetry of Vishnu Wagh seethes with the raw rage of Dalit poetry, that of Namdeo Dhasal, for instance, but also has manic, comic-surreal elements to it that can be found in the work of another poet-parliamentarian, Shrikant Verma who wrote in Hindi.

What would Ireland's greatest comic writer, Flann O'Brien, make of it all? Are India and Ireland too far apart? No. O'Brien was no stranger to the Irish language. He would have known that our sacred river, the Boyne (an Bhóinn) is linguistically cognate with Govinda, one of the names of Vishnu and Krishna. *Bó* (cow) is *Go* in Sanskrit—so there you go!

But that's not the end of it. In an imaginary encounter, I see O'Brien in one of his favourite haunts in Dublin, entertaining his new-found friends Shrikant Verma, Namdeo Dhasal and Vishnu Wagh. The four geniuses raise their tumblers of whiskey (itself an Irish word) and O'Brien informs them that the Irish for penis, *bod*, is linguistically cognate with the Sanskrit *bodhi* and, he adds, *'If that doesn't enlighten ye, nothing will!'*

Getting back to the book you are now holding in your hands. If there is one poem in this anthology capable of sending shock waves through readers everywhere, that poem is 'When the Table Came'. We seem to accept 'technological progress' and the McDonaldisation of the world as inevitable. Who wants to be called a Luddite? Yet on reading 'When the Table Came', one is forced to ask what the price of 'progress' really has been and to count the losses. This is one of the functions of poetry—to burn, and to make the reader burn!

If you knew nothing of the author you might say to yourself: *'Here is an old codger who rails against the modern world and the torn fabric of traditional society. Hey man, move on!'* Would it change your mind to know that the author obtained a Doctorate in French literature from Sorbonne Université? Move on yourself, mister!

'When the Table Came' is not a sentimental recreation of some Utopian past. Manohar Sardessai's deeply-felt poem is an anthem that can be read in tandem with the writings of green anarchists and anarcho-primitivists, everyone from Thoreau to John Zerzan, Derrick Jensen and other challenging thinkers of our own era. It is a *cri de coeur* that deserves to be widely known. A poem to make one weep.

Why do we poet-translators do what we do? A doyen of our eccentric trade, distinguished poet-translator, anthologist and academic Rajagopal Parthasarthy has taken the words out of my mouth: *'Translation is subversive writing.'* What in the world did he mean by that? *'By unearthing long-forgotten texts and putting them into orbit, translators redraw the literary map.'* Well then, not a bad day's work after all.

Nár dhéana an leabhar seo dochar d'éinne.
May this book harm no one.

Gabriel Rosenstock
Baile Átha Cliath (Dublin)

Gabriel Rosenstock
was born in 1949, Kilfinane, Co. Limerick, in postcolonial Ireland. A poet, tankaist, haikuist, novelist, essayist, playwright, short story writer, and author/ translator of over 180 books, mostly in Irish (Gaelic), Rosenstock also writes and translates for children. He is a member of Aosdána (the Irish academy of arts & letters), and a former Chairman of Poetry Ireland/Éigse Éireann.

Rosenstock's blog is here:
http://roghaghabriel.blogspot.ie/

and many of his books are available through Amazon India

A selection of his poems translated from Irish, *I Open My Poem* is available from Poetrywala, Mumbai. He recently had the privilege of responding with bilingual tanka (5-line poems) to the artwork of Goan artist Sonia Rodriguez Sabharwal.

Return to Gomantak
Editor's Note

When Vivek Menezes, inimitable director and curator of the Goa Arts &
Literature Festival (GALF) invited me to edit this anthology, I had just returned
from a Stirling residency, tranquil. I have read world poetry, but not so closely
my own native land's. This was a rare opportunity to peruse works by quite a
few Goan poets under one roof. The poems in this book traverse a spectrum
of years, from poets born in 1873 to writing in present times, also transgressive
journeys steeped in native dust, exposed to foreign lands, and stretched on a
canvas where their poems ossify to hint at a never-ending Goan day—buoyed
by early sun, then coursing to a heavier noon on the heat and spice of toil, and
returning to dusk over wine and rum.

The native land described as *'the blissful field of Elysium'* (Borkar/ 'Anklet Bells')
suggests to me how topography and terrain shifts, also between postcolonial
signifiers, from India to its smallest state, from British to Portuguese inheritances.

As natives journey through the land, like in Adeodato Barreto's 'The tragedy
of those who leave, we see the fate of travelers with'—*And the Coconut Tree,*
solicitous,/ secretly added:/—Stay! Don't be afraid!/ From the root to the palm fronds,/
I am an enormous store house/ that never runs empty, and Armando Menezes'
dawn-nascent lines—*How often, wearied with ungotten gold,/ Have I, O Mother,*
dreamed and, dreaming, sighed/ For the pure gold of thy sunsets and the tide, and
Edwin Thumboo's contouring with—*You are collective memory of family, clan,*
caste;/ National summation; watched its diaspora. You embody/ Dialectics of place,
time, motion; pure stillness; form/ And colour, respecting geometry yet invent free
flow,/ Letting the primal spirit settle its own architecture.

The fortunes of travelers who move away are measured in Dom Moraes' 'Sailing
to England'—*He could not swim and so he had to sink/ And only floated after having*
died,/ Clutching some weeds, and tolerant of the tide:/ A happy traveller on a sea of ink.

Or arrivals in time sculpted by Ranjit Hoskote's 'Travelling Light'—*Put your*
bag down and look/ at the reef that gashes/ through the ocean/ and the meteors that
light up/ the moon's silences.

When the wanderer yet moves away, enchanted by the unknown, a prophecy fulfills from Adeodato Baretto's 'The tragedy of those who leave, unfolding fears of escapade' —*The River, the friendly Lighthouse/ the Rice Field and the Coconut Tree/ saw a daring adventurer leaving/ and a beggar arriving* .... And to those who return it's Brian Mendonça's ways, that speak to a seafarer's world-weariness in 'Mapusa Market' —*What more could life offer you?/ A good job in L and T/ an officer's post at Mantralaya/ You both lived/ and worked in Mumbai./ Goa seemed an interlude/ for the Fall years.*

Searching for the motherland also occurs through seeking strains in lineage, parentage, food—a significant motif of culture, memory, and childhood.

My mother was temporary, my father more so./ But we leave marks, my laugh is like my mother's,/ My nose my father's, my poetry is my own./ A kind of awkward impermanence, a legacy from Melanie Silgardo's 'Legacy' and Mendonça's 'Mapusa Market'—*So take away the Moira bananas./ Put away the new brooms./ Hide the fragrant mogra flower./ Wrap those ropes for the fields./ No more salt fish are needed for this house./ The sausages can wait for another day./ The Bombay ducks seem out of joint/ and I'll say no to the tendli pickle./ There is a void in my being today/ our ancestors have gone to their rest./ a piece of Goa has died./ The market is in mourning.*

Even the deliberation on aging is in ways charming with Sardessai's 'My Old Age'.

Cartographic re-enhancements, new world maps are drawn in histories of feelings, nostalgia, dreams unconquered, and loss peculiar to death against the vanity of time. What Goa might be without metaphors she is in similes. Bonhomie veneration. Helpless genuflection. Incisive circumambulation. Like in Mahohar Sardessai's 'My Goa', Manohar Shetty's 'Postcards from Old Goa' and 'Selfies from Calangute' that provide a snapshot on behalf of a tourist-whirring-by-the-window coupled with a precise graft of a local anthropologist.

While Veluskar's 'Matee' (The Earth) says—*Why should I hanker after clay gods?/ Soil itself will do for me./ Soil itself is my strength*, Hoskote brings on a metamorphic position on Goa's stressed history of liberation under the canopy of dark through the sense of childhood memory. *I remembered our needlework of pin-point and name:/ light-years away from earth, first lessons in distance.* One of my favorites for its cinematic presence, its alienating-curdling irony.

Then with an intense engagement and communion with nature, perhaps apparent to Aparanta, we see Silgardo's interweaving of reflexes into the surroundings with—*Comfort comes from knowing the safe places/ deep and separate, past the beaches/ and the furious sea. Or Alone you fight the night screeches/ of the sleepless birds and build your defenses/ like the jackal in the silhouette/ of the enormous hill.* ('Do Not Tell the Children'), and Jessica Faleiro's *lent my voice to geckos, and I stood still for a moment/ and became the world's oldest tree.* Affected deeply by verdant vastness, in grief and joy alike is Leonor Rangel-Ribeiro's (Goa)—*I am one with the wildflowers,/ With the wind that bends mighty trees/ But leaves birds unscathed,* and Manohar Sardessai's assemblage ('My Word') *My phrase, a thorny cactus/ Thorny outside, juicy within/ Twisted and long/ Sizzling in oil . . . My word, a burning coconut shell/ My word, a gunshot/ My word, the cool treacle/ Of the roaring Arvalem falls.*

There are numerous ways in which Goa's physical ensemble is curated, departing from the urban claustrophobic angst or war-strife found in half the world's poetry. Like R. S. Bhaskar's 'The smell of Nature', Salil Chaturvedi's slow-moving mélange of naturalistic color in 'Permission', where a dreamer vividly watches nature sprouting, emphasizing in us the time to stare in a world slapdashed with vehicle-boarding times, deadlines, and despair. *I have never seen moss growing on words. / Dead branches, too, are alive in this rain/ . . . / There must be a way to talk to everything with faint outlines.*

And if there are sufis standing in the fields of jade bedlam, there are feminist layers too un-layering with ironical interpretations in Domingos Jose Soares Rebelo's 'The Witch', or Vimala Devi's surreal 'Dravidian Venuses' and Tanya Mendonsa's 'I Say Goodbye to the Rain'. Her poem, 'The Daughters of the Lie' becoming my favorite for an innate and acute resonance.

The naughtiness of dusk, in after-hours, is seen in inescapable mirth very fulcrum to Goan texture and culture, where the morning's idealism evaporates around somber realism, like in Dom Moraes' 'Architecture', Manohar Shetty's 'Nuptial knots', Eunice de Souza's 'Idyll', Salil Chaturvedi's 'i saw a God' and 'Return'. In tones rife with no mercy on wit, riffling over aromas of imagined fenny and brandy, we hear echoes of an old-night, other-worldly chuckle.

The visceral sense of dark humor seen in Moraes' 'At Seven O' Clock' with *His poulterer's fingers pluck my queasy skin,/ Shuffle along my side, and reach the thigh./ I note however that he keeps his thin/ Fastidious nostrils safely turned away*, and de Souza's piece 'Varca, 1942', that tricks itself into an entire essay on class, its dominance outside the church, then inside it—something recognized with contemporary coherence. Or the mystic-nuggets of Menezes' 'Without Love'— *A pumpkin ringed with iron cannot/ Escape the rot. Or A clay doll washed from day to day/ Dissolves to clay.*

Intersecting with the poet's gaze is, also, what they see within themselves as they write poetry, unified under the Goan branch of a nation's tree, origins varicose-veining for a new way of gleaning sonographies of primeval dreams. A befitting momento mori comes from Hubert Ribeiro Santana in 'Toro Canyon'—*My passing. Farewell. Remember/ Me as a poet; I contained all worlds:/ Held civilizations in my pulse,/ And continents within my body's bounds/ Europe encircled in my hands,/ And all of Asia in my eyes*, or a crizzling of a poet's self-earth, salt, grain, and atom like Jerry Pinto's autobiography of a (his) poem: *My poems want diplomatic immunity./ My poems want visa on arrival./ .../ My poems are programmes; they will erase/ your hard drive and implode./ .../ My poems are protected by Amnesty/ International but when you remind them of/ this, they laugh hollowly .../ My poems are wanted by Interpol./ My poems are being tracked by the FBI.*

An inherent self-relationship, self-effacingly is Silgardo's poet's prayer—*Let me find peace while waiting for the locksmith, the lawyer, the plumber or Let me wait without complaint or reproach for this city is built on hours of waiting/ Let me not be disgusted by the sight of red phlegm in the stairwell*, or Menezes'—*And I have also known, for long, long years,/ A feeling of some Power that wrapped me round,/ Maternal and paternal, fond or hard,/ That worked through me, was matrix of all thoughts.*

Salil Chaturvedi's adorable quest in—*Trees may lie/ on the other side of language/ but there is nothing wrong/ in standing in the rain/ and reciting a poem to a tree.*

But the colloquy that wakens us from our stupor is the travesty of tongues within a tongue, camouflages of censorship in metaphor, a sun slipping behind clouds, and coming out in equal directness. For who knows poets might soon be on the verge of jingoistic extinction brought to intense attention by Vishnu Wagh's disruptive but crucial verse in Sudhirsukt.

Watching conversations beyond a poet and his array of poems, beyond her times, listening to in-house crossover chatter in this book is the whisperings of what one poet has with another, across decades.

Like when Armando talks to Vishnu with—*Freedom is but a posturing,/ Before a necromantic glass;/ The old old song you newly sing,/ Falsetto, like an infant class,* or Eunice in de Souza Prabhu saying—*No, I'm not going to/ delve deep down and discover/ I'm really de Souza Prabhu/ even if Prabhu was no fool/ and got the best of both worlds./ (Catholic Brahmin! I can hear his fat chuckle still)*, and Laxmanrao Sardessai deconstructs political lineage with patriotic fervor in 'Onward, Goans, onward!' *On your side are/ Truth and Justice,/ Honor and Dignity/ And, on the other side,/ The ambition of power,/ Vile cupidity,/ Countless indignities,* where Mahohar Sardessai joins in with—*Many 18th Junes/Have come and gone/The Kunbi's child still shivers/Under the mango tree* from 'The Eighteenth of June' [Atara Jun], and his piece 'O My Enemy' (Tujya Mukhar) that tells of our times of strife, bigotry, and yet persistent inequalities.

While Soter Barreto's 'The Patranv's Gripe' views class, his poem 'Holy be your name' unifies religions by dismantling their nucleus of inherent variety, proud xenophobic differences.

The poem 'A Fever Rages' is where you know you should stop for Wagh's Sudhirsukt to take over—*Uncle laughed aloud. He began to say—/ "Don't be offended. I just happened to ask."/ We don't believe in caste and creed. Come, have your tea./ You know: the greatest loss for Goa/ Has resulted from these caste divisions./ Who's Brahmin? Who's Sudhir?/ What meaning do these differences of caste and creed have?/*

We should be secular/ We must have a casteless society, you know?"/ Uncle in the hope/ Of getting a reply, kept watching./ My head was bent./ But as I drank my tea/ My gaze got affixed on/ The sacred thread on Uncle's shoulder.

To keep the debate going, prophesizing concerns and hinting at valid obsessions the next decade of poets might have, hopefully not centuries later for an uprising for equality, anti-discrimination in various layers, this book leaves the room open, the interchange incomplete, punctuated maybe with the ephemeral-escapism of time-tested Konkani proverbs.

But since we have to close, and that poetry allows the tentativeness of impermanent closures, we rely on Jerry Pinto's unearthing for a fadeout from Drawing Home: *You could play one camera. I could be the other./ We could ask for a neutral third so that/ Between the three of us, we'd miss nothing./ ... / We might arrive at something/ Between your version and mine.* Or rely on an ever-alive synopsizing imagery of temporary exit with Hoskote's *sliced moons lie/ scattered on the rucked iodine tide like scimitars.*

This book should be read under candlelight after the house turns to quiet.

*

This book wouldn't have come about without its translators.
I can only imagine how a poem might feel transmogrified between three languages to hold thumbprints over its canvas from when it first started, to extol the sheer temerity of still being read and understood, passed from hand to hand.

Gratitude to the translators of Portuguese, Konkani, and Marathi poems to English: Isabel Santa Rita Vas, Prof. S.S. Kulkarni, D.A. Smith, Victor Rangel-Ribeiro, Madhav Borcar, Nirmal Dass, R.S. Sriniwas, Augusto Pinto, Dr Paul Melo e Castro, and to Gabriel Rosenstock for its Irish embodiment.

The poetry in this book is not arranged according to brightening or dimming palettes of mood, but alphabetically to the names of poets, allowing for a staccato jump in temperament between obsessions, maybe, to ape the startling texture

life has from one day to the next, one epiphany to the next, following doctrines of randomness.
Not ordered by time.

Rochelle Potkar (née Santos Fernandes)

Handdir asa cheddo, sodta soglo vaddo.
With her son on her hip, she searches the village for him.
Tá a maicín ar a cromán agus é á lorg ar fud an bhaile aici.

Konkani proverb

Armando Menezes

(1902 –1983)

Armando Menezes was a renowned Indo-Anglian academician, poet, essayist, and translator. He was described by Aurobindo Ghose as *'one of the very few Indians who can really write English poetry'*. Many of his translations are historically significant, including the first Indian novel by Francisco Luis Gomes, from the Portuguese, and thousands of vacanas from the medieval bhakti compositions in Kannada.

An Deoraí

1933

Nach minic, is mé cortha ag an ór nach raibh im' lámh,
Gur éalaigh osna uaim, a Mháithrín ó
Ag taibhreamh dom faoi luí na gréine ar an trá
Nó sna goirt ríse is an ghaoth ag séideadh fadó!
Nach minic is an dóchas ionam ag éag
Gur chuas i bhfolach id' bhrollachsa glas-aoibhinn án—
Ba thú an tearmann caol thug scíth dom ghéag'
Is mé ag teitheadh ón domhan 'bhí sioctha ina lár!

Tá séipéilín ina sheasamh ar chnocán liath:
Is ann a baisteadh mise im' bhunóc
Is ann a luíonn mo mháthair, leis, le Dia
Is ghuífinn ann is d'éireoinn as an tóir.
A thír na sean! Lig don aos óg
Bheith bródúil as an bhfód seo i mo dhiaidh.

The Emigrant

1933

How often, wearied with ungotten gold,
Have I, O Mother, dreamed and, dreaming, sighed
For the pure gold of thy sunsets and the tide
Of golden ricefields when the wind is bold!
How often, when sick hope has lost its hold,
Have I in thy green bosom yearned to hide—
Thou narrow haven from a world so wide,
Thou cosy shelter from a world so cold!

Upon a low gray hill there stands a church:
They say it was there that they christened me.
There, too, my mother sleeps; there I alone
Would pray—pray and forget this fruitless search.
Land of my fathers! May'st thou also be
The land my children shall be proud to own.

In Éagmais an Ghrá

(Après Basava) 1971

In éagmais an fhíorghrá, tá gach rud gan bhrí:
Teipeann ar an uile ní.

Cuir fáinne iarainn ar phuimcín, arú—
Ón lobhadh níl éalú.

Cantar iomann don íol criaga—
Is gearr go mbeidh ina aoileach diaga.

Nitear gach lá an bhábóg chré
Cá bhfuil na súile a bhí ann inné!

Ápa atá ina ápa óir
Coinneoidh sé a chruth go deo.

Nigh an gual de ló is d'oíche
Bán ní bheidh an gual sin choíche.

Ar an gcrann síoda cadáis—cad tá?
Baois faoi bhláth.

Tá borradh faoin ngurd go dearbh,
Fós tá sé searbh.

In éagmais an fhíorghrá, tá gach rud gan bhrí:
Teipeann ar an uile ní.

Without Love

(Après Basava) 1971

Without true love, nothing avails:
Everything fails.
A pumpkin ringed with iron cannot
Escape the rot.
An earthen idol, prayed and sung,
Returns to dung.
A clay doll washed from day to day
Dissolves to clay.
Ape alchemised to golden ape
Retains his shape.
The lump of coal cleaned day and night
Will not grow white.
The flower of the silk-cotton tree
Is vanity.
The colocynth burgeons, yet no less
Yields bitterness.
Without true love, everything fails:
Nothing avails.

An Traein

1940

Veidhlín é an domhan is mise an bogha:
Seo mé de rúid,
Míle cruth ag an gceol is gach cruth togha
Á bhfoirmiú go ciúin.

An lasair ionam féach uirthi ag léim
Ina cuisle chaol
Is preabann anois ó chéim go céim
Sé an ceol a saol.

Is ait gach fuaim a thagann
Ó cheolfhoireann na gcoillte;
Is líonrith ar gach anam
Ar fud an uaignis scaoilte,

Is cloisim ceol i gcéin
Is mé ag dul thar bráid:
Uiscí an aigéin,
Osnaíl an fhéir gan aird;

Macalla fada chun na n-iomairí bána,
Nó fad leis an ngleann;
Nótaí difriúla ón droichead, ón tollán,
Ón ailt in airde is ón mbeann.

Stáisiúin lán d'uaigneas
Is an ghaoth ag olagón,
Is míle liú is uallfairt
Ón gcailleach chrón;

Tost monabhrach is mé gan phuth,
Éist leis an nglór:
An duine is a ghuth.
Suaimhneas uisce, deoir ar deoir

Moill bheag, imeacht arís . . .
M'éalaín ní casta atá:
Mo bhoghasa ar bís
Chun croí an domhain a leá.

The Train

1940

Earth lies a violin to my bow:
And as I rush,
A thousand shapes of music grow
Out of the hush.

The leaping flame within me draws,
As it shoots lone,
Between each throbbing pause and pause,
Tone upon tone.

Strange orchestrated sounds unroll
From waiting woods;
And as my passion thrills the soul
Of solitudes,

I hear a faroff rapture sweep
Me as I pass:
Loud waters dying in the deep,
Low sighs of grass;

Long echoes rolling to the ridge,
Or valley green;
The different notes of tunnel, bridge,
Or cleft ravine;

The fury of neglected stations—
A shrieking wind
Shrill with a million execrations
Of hag or fiend;

The murmurous silence when I stop,
Live with the noise
Of water drowsing drop by drop,
Or human voice.

A little pause, and off I go . . .
My simple art
Touches to music with my bow
Earth's silent heart.

Do M'Athair
Céad Bliain i ndiaidh a Bhreithe

1966

Agus m'athairse ag saothrú an bháis, an glothar le clos
Agus mo dhá lámh timpeall air,
An chuid eile go léir ar a nglúine, ag osnaíl ghoil
Paidreacha na marbh acu á rá go creathánach—
'Ar do ghlúine!' ar sé faoi mar go raibh a anam ag brath air.
Is nuair a thiteas-sa ar mo ghlúine laga,
Tháinig séimhe iontach ar a ghnúis shuaite,
Na roic ag samhrú go bláth na hóige,
Le heite ghléineach do chuimil an bás leis.

A Athair, b'eol duit gur shléacht m'anamsa
Roimh gach ní, á n-adhradh le grá:
Bhraitheas ó m'óige i leith an Diagacht
Sa duine agus sa dúlra, bíodh is nárbh eol dom É Féin,
Agus leanas le hardlúcháir nó faoi shíocháin
An uile ní sofheicthe is dofheicthe a bhog.
Bhí an svae sin ar m'anam chomh tréan sin
Go mba pheaca im' shúilese é gach gotha
Ar nós cuma liom is gach réchúis thámh.
Bhí an rud a bhí Fíor chomh fíor sin gur múchadh
Gach deasghnáth, gach nós, siombail is cleachtas
A raibh cuisle gheal na Fírinne sin in easnamh orthu.

Thuigeas-sa leis le blianta fada
Go raibh Cumhacht éigin a leath a fallaing orm,
Máthartha is athartha, grámhar nó cruaidh,
Ag oibriú ionam, maitrís na smaointe go léir,
Gach maitheas is gach áilleacht ag doirteadh trí m'aigne.
Is minic mé ag stánadh ar rud éigin a scríobhas
Ag déanamh iontais cad as a dtáinig sé; is thuigeas gan mhoill
Go mba leor mar bhuíochas an tsíocháin gan choinne.

To My Father,
On The Centenary of His Birth

1966

My father when he died, already when the rattle
Had set in and I held him in my arms,
While all the rest were kneeling and with sobs
The Office for the Dead was shivered, cried—
As if his soul were staked upon it—'Kneel!'
And when I fell on trembling guilty knees,
A great peace came upon his troubled face,
Its furrows summered to the bloom of youth,
And death had brushed him with a luminous wing.

Father, you knew not that my soul had knelt
In worship and in love before all things:

From childhood have I felt Divinity
In man and nature, though I knew it not,
And followed with ecstatic peace or joy
Each seen or unseen motion of all things.
So strong has been this empire o'er my soul,
That every gesture of indifference,
Or dull complacence was to me a sin.
The Real was so real, that it drowned
All rites, conventions, symbols, practices
That lacked the bright pulsation of this Truth.

And I have also known, for long, long years,
A feeling of some Power that wrapped me round,
Maternal and paternal, fond or hard,
That worked through me, was a matrix of all thoughts
Of good or beauty pouring through my mind.
Oft have I stared at something that I wrote
And wondered whence it came; but soon have guessed,
Until a sudden peace was thanks enough.

Níor fhoghlaimíos-sa conas glúin na colainne a fheacadh—
Ró-umhal chun an umhlaíocht a chur ar paráid,
Nó eagla orm an ní neamhdhiaga a adhradh—
Ach im' chroí istigh mé féin á ísliú agam
Roimh an bhFírinne ghlórmhar, thar aon uair eile
Im' sheasamh suas caol díreach dom, dána, ceannairceach.

Mar sin ní raibh rath orm, sa chiall atá ag an saol
Don rath, ach go domhain istigh i m'anam
Tá tobar ríméid nach raghaidh i ndísc go deo,
Is an tsíocháin do mo ghríosú i gcogar, gan de neart ionam
Ach an neart sin a thagann as aigne mhacánta:
Níl slí anseo don rath ná don mhírath;
Leanann an saol ar aghaidh i nDia, agus sé Dia is fearr a thuigeann,
D'fhéadfadh duine i mbun urnaí a bheith baoth.

Mar sin más fiáin a bhí mo shaolsa
Ar mo ghlúine a bhíos de shíor roimh an gCumhacht sin
Atá timpeall orainn, ionainn agus trínn,
Is léir dúinn an lúcháir agus an tsíth a bhaineann léi
Nuair a chromtar os a comhair go domhain inár gcroí.
Tá a fhios agat le tríocha bliain é: táimse á rá anois.

I have not learnt to bend the body's knee—
Too humble to parade humility,
Or fearful to adore the undivine—
But ever in my heart abased myself
Before the glorious Truth, most when I seemed
To stand upright in rebel insolence.

Therefore I have not thrived, as the world knows
Of thriving, but within my deepest soul
There is a well of unexhausted joy,
And peace that whispers courage, with no strength
But what must issue from a sincere mind:
No room is here for failure or success;
For life in God goes on, and God knows best
A man can be most foolish when he prays.

Therefore my life, however wild, has been
Perpetual genuflexion to that Power
That works around, within us and through us,
And gives us joy and peace as we have learnt
To bow before It in our inmost heart.
You have known it thirty years: I say it now.

Saoirse

1962

Fís ag gealt is ea bheith saor,
Ar chonair fhada bí ag damhsa,
Níl sa mhana agat is baol
Ach múchadh seal ar chling an tslabhra.

Níl sa tsaoirse agat ach cleasaíocht
Os comhair scáthán na marbhdhraíochta;
Seanamhráin agat á n-aithris
Falsetto, ar nós paca naíonán.

Cad is ea í féin, an tsaoirse
Saint, foréigean ar son na drúise:
Amaidí dáiríre píre
Amaidí ar son na cúise.

Do dhúisíomarna as ár suan
Agus is dorcha a bhí an lá
Ní raibh ag an tSaoirse íomhá bhuan
Ní raibh ag an bhfile di aon ghrá.

Freedom

1962

Freedom is but a madman's dream,
A dance along an endless lane.
The slogans that you shout but seem
To drown the clanging of the chain.

Freedom is but a posturing,
Before a necromantic glass;
The old old song you newly sing,
Falsetto, like an infant class.

Freedom is greed, is violence,
Lust, and the lordship of the fool.
Freedom's not knowing either whence
Or whither, of chance be the rule.

We dreamed, and wake up from sleep:
And dark indeed the day to see
When Freedom's image cannot keep
Even a poet's loyalty.

Adeodato Barreto

(1905 –1937)

After a secondary education in Panjim, Adeodato Barreto left for Portugal to enroll at Coimbra's law school. He graduated in law in 1928 and in historical and philosophical sciences in 1929 from the Faculty of Law and the Faculty of Arts, University of Coimbra. He was appointed chairman of the Centro Republicano-Académico, 1929.

His works include: *Civilização Hindu* (Hindu Civilization), 1935; *Fragmentos— Testamento Moral de Vicente Mariano Barreto*, 1936; *O Livro da Vida. (Cânticos Indianos)* (The Book of Life), 1940 (posthumous).

translator Isabel Santa Rita Vas

Rtd. Associate Professor, Department of English, Dhempe College of Arts and Science, Miramar, Goa. At present, Isabel Santa Rita Vas is on the Guest Faculty of Goa University. Author of *Frescoes in the Womb: Six Plays from Goa.*

Traigéid na nImirceach

Do mhuintir Goa atá, mo dhála féin,
ina gcónaí i bhfad óna dtír dhúchais, scaipthe gach áit

Gníomh a hAon

Tarraing aníos an t-ancaire, seol leat . . .
agus as go brách leis an duine thar an mbarra.
Ar talamh, broinn thorrach agus bean
ag caoineadh . . .

Bailithe leis:
thug leis an solas ina shúile
a anam go léir ag cur thar maoil le solas . . .
bhí gaistí roimhe
ar an mbóthar fada achrannach
ach ní fhaca sé iad . . .

Deirtear agus é ag imeacht
gur impigh an gort Ríse air:

Stad, ná himigh!
Nach gcuireann sé as duit
seisce mo bhroinne torthúla
a fheiscint?
Cén fáth aghaidh a thabhairt ar thíortha i gcéin
nuair d'fhéadfá an talamh tirim seo
a iompú
ina ghráinseach
le do lámh féin?

Agus faoi rún, chuir an Crann Cnó Cócó
leis sin, á rá go buartha:
           Fan! Ná bíodh eagla ort!
Ó fhréamh go frainse
is stóras ollmhór mé

The tragedy of those who leave

To the Goans, who, like me, live far from their native land,
running far and wide

Act I

Pull up the anchor, sail away . . .
And there goes the man, beyond the sea bar.
On land,
a pregnant womb and a woman
who weeps . . .

Gone:
he took the light in his eyes
his entire soul overflowing with light . . .
There were pitfalls
in his long treacherous route
but he did not see them . . .

They say that, at parting
The Rice Field pleaded with him:

Halt your departure!!
Doesn't it pain you to see the dryness
that my fecund womb
displays?
Why go running around the world
when you can transform
with your own hand
this dry land
into a granary?

And the Coconut Tree, solicitous,
secretly added:
Stay! Don't be afraid!
From the root to the palm fronds,
I am an enormous store house

Nach n-éiríonn folamh riamh . . .
Táimse dúnta do na codlatáin
ach ofrálaim mé féin dóibh siúd
atá cruógach.
Caith uait do chuid smaointe seafóideacha!
Fan! Ná bíodh eagla ort!
Labhair an Abhainn leis chomh maith
go séimh:
            Nach baoth dhuit slán a rá linn!
Is gearr go gcaithfidh an sruth seo
in aigéan na beatha thú!
Ar nós an-chuid eile—an-chuid go deo!—
is tú ag imeacht, dírithe ar sprioc, beag beann
ar m'áilleachtsa . . .
faraor nach bhfaighir i dtír do chuid aislingí—
tusa a bhfuil an Eachtraíocht
imithe sa cheann agat
beagán dá bhfuil
i mo chuidse íon-uiscí!

Ag Teach Solais Aguada
a dúradh slán den uair dheireanach
is é ag imeacht:

Ó, a Dhia
an chinniúint chruálach seo:
treoir a thabhairt dóibh siúd ar shlí a n-aimhleasa . . .
cuirimse na gaistí in iúl dóibh
agus dainséir na mara . . .
comhartha i ndiaidh comhartha
arís is arís eile . . .
Agus gabhann an taistealaí thar bráid:
Ní fhéachann a shúile ach
ar aigéin de bhaoite.
Ní thugann sracfhéachaint ormsa . . .

that never runs empty...
I close myself to those who sleep,
but offer myself whole to those souls
who are industrious.
Leave your whimsical ideas!!
Stay! Don't be afraid!
The River, too, spoke to him
Softly:
                    What a foolish goodbye!
Presently,
this current
will fling you into the ocean of life!
Like so many others—so many! so many!—
You leave, eyes on target, indifferent
to my charms . . .
If only you would find, in the land
that you dream of, you who are drunk with Adventure,
a little of that
which my pure waters contain!

The last goodbye
was spoken by the Aguada Lighthouse,
as he left:

God gave me
this cruel destiny:
to guide those who go after misfortune . . .
I signal the pitfalls
and the dangers of the sea . . .
I point, I point,
times without end . . .
And the traveler passes by:
His eyes only gaze at
the oceans of bait.
For me not a glance . . .

Taistealaí na n-aislingí,
meangadh ort is tú ag imeacht,
sa tóir ar Chiste,
an eol duit, seans, a dheacra is atá se
filleadh?

Níor fhreagair an duine: faoin dtráth sin
bhí sé imithe i bhfad thar an mbarra . . .

Ní fada
go n-imíonn as radharc seolta bána
Rámhlong dhána an Chiméara ina gceann is ina gceann . . .

....

Tá an gníomh thart,
Titeann brat an cheo . . .

Gníomh II

        Siar libh . . .
Siar libh . . .
Siar libh . . .

Táim an-an-anseo . . .
        Agus stop sé . . .

Cáis taistil, ualaí,

Fir, cáis taistil,
agus fir liatha
á n-ardú
is á n-iompar
ar chairteacha
de láimh . . .
Lámha garbha

Traveller of dreams,
You who leave smiling,
seeking Fortune,
Do you perhaps know how difficult it is
to return?

The man did not answer: at that hour
He was already beyond the bar . . .

Presently,
the white sails of the bold Galley of Chimera vanish one by one . . .

....

The act is over,
The curtain of mist falls...

Act II

       Move back . . .
Move back . . .
Move back . . .

Here I a-a-am . . .
       And he stopped . . .

Suitcases, loads,
Men, suitcases,
and grey men
picking them up
and carrying them
on carts
by hand . . .
Calloused hands

cosa crua
cosa a shiúlann
ar nós cuma liom
ar sheile
ar an talamh . . .

Seo iad an bhaicle
a mhaireann ar nithe a iompar
nó a bhrú go teann
féachaint cé d'fhostódh iad,
ag eascainí
go grusach
is iad i bhfad ón Tír atá ina gcroí,
i bhfad ón mBean a d'fháiscfeadh lena hucht iad . . .

Féasóga fada,
is geall le baird iad,
colainneacha téagartha ach crom
faoina n-ualaí . . .
guthanna duairce
garbha,
a mheabhródh fógra i gcéin duit—
seanaisling atá marbh anois . . .
Súile Chríost sa Ghairdín
i bhfíor Bharabas . . .
Curfá bhrónach istoíche
a chanann laoi a bhféindíbeartha,
an aisling bhréagach á caoineadh,
is iad gan ghrá ina ndílleachtaí.
Ar urlár fuar an ghairéid
in andúil rúnda an mhanaigh
a n-útamáil is a dtóraíocht—gan mhaith—
is faide ná riamh í
an nead theolaí ata fágtha acu ina ndiaidh . . .
Cloíte, tosnaíd ag srannadh,

46

rugged feet
feet that step
carelessly
on the spit
on the ground . . .

Here's the band of men
who live by carrying
who push hard
to see who needs them,
of men who growl
and curse
far from the Land they desire,
far from the arms of the Woman . . .

Long beards,
like bards,
bodies strong but bowed
under the burdens . . .
Gloomy voices,
dissonant,
reminiscent of a distant announcement
of an old dream now dead . . .
The eyes of Christ in the Garden
in the figure of Barabbas . . .
At night, in pained chorus
they bemoan the bastard fate,
they bemoan the deceptive dream
that has orphaned them of love.

On the cold floor of the garret
in the hidden craving of a monk
they grope, search—in vain—for
the warmth of the earlier nest
that is far away, so far away . . .
Then, defeated, they snore,

beithígh bhochta iompair!—
is titeann chun tromshuain . . .

....

....

Is ar an traigéide ghoirt seo
titeann an brat arís.

Gníomh III

Seo chugainn
Bóthar na Cinniúna aniar
An t-oilithreach fáin:

Caol,
cnaíte,
níl maide
ná gurd oilithrigh aige:
mheabhródh sé
Críost cráite dhuit
é tagtha anuas ó chros éigin
ag iarraidh na cosa a thabhairt leis
ó na gadhair . . .

Máithreacha
ag sciobadh a gcuid páistí
ó na conairí
a shiúlann sé . . .

Má shnapann an mongral air
is plaic a bhaint as
gáirfidh an seanaoire, a úinéir,
gan faic a rá.
Is féidir cheana féin na coilm air a
chomhaireamh

Poor beasts of burden!—
and fall into deep sleep . . .

....
....

And on this bitter tragedy
The curtain falls again.

Act III

Down the road of Destiny
there he comes, the wandering
pilgrim:

Slender,
emaciated,
he carries no staff
nor pilgrim's gourd:
he reminds you
of a famished Christ
come down from some cross
and trying to run away
from the dogs . . .

From the paths
he treads
mothers
snatch their children . . .

If the mutt
snaps and bites him,
the old shepherd, its owner,
smiles and says nothing.
One can already count the wounds on him

ar nós laethanta
an aistir aige . . .
Siúlann sé go balbh
ag déanamh a mharana:
muc ar gach mala aige
ar nós scamaill dhubha
ó oibseisiún dorcha—
seantaibhreamh atá marbh anois . . .

Is seo chugainn ag siúl é,
an fánaí:
caol,
cnaíte,
níl maide
ná gurd oilithrigh aige:
mheabhródh sé
Críost cráite dhuit
é tagtha anuas óna chros . . .

....

Cé hé?
duine éigin . . .
Duine Éigin nach duine éigin níos mó é . . .
is nach Éinne anois é . . .
Rí mór i mbrionglóid mhór b'fhéidir.
Laoch mór b'fhéidir i meabhalscáil,
Gealt b'fhéidir nó aiséiteach, nó aithríoch
Á! Is cinnte nach é
an t-ógfhear gealgháireach é
a ghabh amach i rámhlong
maidin cheoch
agus misneach ina chroí . . .

like the days
of his journey . . .
He walks dumb
absorbed:
his frowning face
reflects the dark clouds
of a dark obsession
of an old dream now dead . . .

And there he comes walking,
the wanderer:

Slender
emaciated
he carries no staff
he carries no pilgrim's gourd:
like a famished Christ
who has come down from his cross

....

Who is he?
Somebody . . .
Somebody who isn't somebody any more . . .
and has become Nobody . . .

Perhaps the great king of a great dream,
perhaps the great hero of a mirage,
perhaps a madman, an ascetic or a penitent.
Ah! Certainly never
the smiling young man
who on a
misty morning
set out with great daring on a galley . . .

Cé hé?
Cá bhfios?
Duine den slua sin
a shiúlann an domhan,
gan aige ach ón lámh go dtí an béal:
Na daoine sin, anam Chríost
agus aghaidh chantalach
Iúdáis,
na daoine sin a bhfuil dúchas ropairí iontu
in éide naomh,
iad go léir seargtha
ag an ocras.

A n-ainm?
        "Cloíte"—
Taibhse,
íomhá lag
d'aisling i dtaibhreamh
faoi thaibhse
a chonacthas i meabhalscáil;
Cad atá fágtha inniu? Faic!
Cad atá fágtha den limistéar órga sin
ar chuir tú fios ina thaobh uair amháin,
d'anam ag ceiliúradh
mar mhairnéalach misniúil,
cad atá fágtha?
Gal!

An Abhainn, an Teach Solais cairdiúil
an gort Ríse is an Crann Cnó Cócó
chonaiceadar eachtránaí cróga ag imeacht
agus bacach ag teacht . . .

Who is he?
Who knows?
One of many
who walk around the world,
living from hand to mouth:
these men, with the soul of Christ
in the grumpy face
of Judas,
those men, with the nature of bandits
in the garb of saints,
all, these and those, withered
from hunger.

Their name?
          "Vanquished"—
A specter,
feeble image
of a vision dreamt of,
of a scepter
that you saw in the mirage;
what remains today? Nothing!
What is left
of that golden region
the direction to which
 you enquired once upon a time,
with your soul in celebration
like a daring sailor,
what is left?
Smoke!

The River, the friendly Lighthouse
the Rice Field and the Coconut Tree
saw a daring adventurer leaving
and a beggar arriving . . .

Agus an mháthair leis an mbroinn thorrach
sí an duine céanna í a sciobann
an páiste
ód' chonairse . . .

....

....

....

Féach, siúd ag imeacht an bacach-oilithreach
ar bhóthar na Cinniúna,
féach, siúd ag imeacht, siúd ag imeacht é,
foscadh éigin á lorg aige
áit a bhfaighidh sé tearmann.

....

Sioscann an ghaoth . . . feadaíl . . .

....

....

Ar an dráma dearóil seo
titeann brat na hoíche.

(Ajustrel, An Phortaingéal, 5ú Bealtaine 1935)

54

And the mother with the pregnant womb
is the same one who snatches
her child
from your path . . .

....

....

....

Look, there goes the beggar-pilgrim
on the road of Destiny,
look, there he goes, there he goes,
searching for some shelter
where he can take refuge.

....

The wind hisses . . . a whistle . . .

....

....

Over the bleak drama
The curtain of night falls.

(Ajustrel, Portugal, 5ᵗʰ May 1935)

Zango dakhoun faleam korop.
To engage a paramour for the whole night and to send him away
disappointed at dawn by showing him only the thighs.
[To get out of one's promises by artful and tricky means.]
Leannán a chur abhaile le bánú an lae is gan ach na ceathrúna feicthe aige.

Konkani proverb

Bakibab Borkar

(1910 –1984)

Balakrishna Bhagwant Borkar began writing poems at a very early age. His first collection 'Pratibha' was published in 1930. Widely published, translated, and celebrated, Borkar joined Goa's fight for freedom in the 1950s and moved to Pune, where he worked for the radio.

He was awarded Padma Shri, India's fourth highest civilian award, by the then President S. Radhakrishnan in recognition of his distinguished service in the field of Literature and Education.

translator Prof S. S. Kulkarni

Dr. S.S. Kulkarni was the former Head, Department of English, Goa University.

Cloigíní Bhráisléad Murnáin

(Paijana)

Ba ar an lá úd a tháinig do chloigíní bhráisléad murnáin
Chugam agus a gcling bhog nach n-imeodh
Amach as an dorchadas athartha
Faoi bhun an chrainn bhainiain.

Thit ciúnas ar na coillte,
Chroith na duilleoga is d'fhan gan chorraí
Pé táimhe a bhí
Ar na seamaidí féir
Dhúisíodar go séimh.

Bhuail cloig an teampaill i gcéin
Mhaolaigh ar ghlugarnach na habhann
Ansin líon an dorchadas dlúth an t-aer
Le cumhracht
Tinte ealaíne na féile ag bláthú os ár gcionn
Lasadh gach póir dínn
Cuma rathúil ag teacht ar gach tuar
Is comhartha, is ba neamhghnách gach uile cheann acu.

Lúcháir an tsonais ag éirí chun na scornaí
Arraing an bhróin ag sileadh ón tsúil
Deineadh seoda díobh is thosnaigh ag lonrú
Ba ansin tá a fhios agat
Gan fhios dúinn a d'fhásamar ina chéile mar aon.

Inár seasamh ansin le chéile
Agus caora bainiain anuas orainn
Ina gcith
Iompraíodh sinn go tír na n-iontas sa ré i gcéin
Éilísiam, Tír na nÓg.

Níl aon chuid de sin fágtha inniu
Tá mo shaol féin ag druidim chun deiridh
Ach ina dhiaidh sin is uile, go tobann
Cloisim na cloigíní bhráisléad murnáin.

Anois féin, braithim brúcht an ghrá
A chuireann freanga mhilis orm
Agus fiú anois dúisíonn an bhrionglóid mé.

Anklet Bells

(Paijana)

It was on that day that your anklet bells
With their soft, lingering jingle
Came to me from the fathering darkness
Under the banyan tree.

All the woods fell silent,
The leaves quivered and stood still
Over the blades of grass
In their drowsiness
There came a tender wakefulness.

Temple bells rang from afar
The river's gurgle became subdued
The thickening darkness then
Filled the air with fragrance
Over us blossomed festive fireworks
Each pore was set aflame
Portents and omens all unusual
Started appearing auspicious.

The bliss of happiness surging to the throat
The pain of sorrow flowing from the eye
Turned into gems and started sparkling
It was then, you know
That all unawares we two grew into one.

As we stood there together
Exposed to the shower
Of banyan berries raining over us
We felt transported
To the charming world of the far-off moon
And the blissful field of Elysium.

Of all that, nothing remains today
My life itself is drawing to its close
Yet even now all of a sudden
I keep on hearing your anklet bells.

Even now I feel the flush of love
And a sweet shudder passes through me
Even now my very dream becomes my wide awakening.

Aiz mhaka, faleam tuka.
Today for me, tomorrow for you.
[Don't be complacent or gloat at my fate, the same could befall you tomorrow.]
Domsa inniu, duitse amárach.

Konkani proverb

Brian Mendonça

An academician, editor, poet, blogger, musician, and a columnist, Dr Brian Mark Mendonça is often described as a 'Traveller Poet', known for blending his travel experiences with poetry.

An Assistant Professor, Department of English at Carmel College of Arts, Commerce and Science for Women, Nuvem, Goa, he has two collections of poetry: *Last Bus to Vasco* and *A Peace of India: Poems in Transit*. Thirteen of his poems have been published by the Sahitya Akademi while seven feature in *Ensemble, A Canadian Quarterly of Literature, Arts and Culture*.

His poems are widely appreciated for having sketched '*multicultural and multi-lingual India*,' (*Journal of Commonwealth Literature*) that '*resonates with the cadence of India*' (*Tribune*). In his poems, that '*reflect his love for exploring new places, and examining them in the socio-historical context*,' (*Times of India*) even '*common places . . . acquire significant meanings*.' (*Muse India*).

Margadh Mapusa

Agus bhraitheas uaim sibh
aintín is a uncail
ag margadh Mapusa,
i measc na sillí
an gud, na tamaraine
is an fhínéagair.
Bhur nguth ag cogarnaíl
thar mo ghualainn
is mé ag tuisliú romham
gan tearmann.

Bhí tú lag
Nuair a bhuail ailse thú
Leag an chemo amach thú,
An mhaoile ina finné ar do phian.
Braithim uaim do mheangadh gáire grámhar
Do ghothaí fáilte
An tslí a ndéarfá, 'Let it be!'
Nuair a théadh baba ag pramsáil timpeall an tí.
Bhí a fhios agat, seans, gur ag dul in olcas a bhí sí,
a uncail, is ar do bhealach meidhreach féin
bhís foighneach ach guagach ar a shon san.

Nuair a d'iarr d'aon iníon ort teacht go Mumbai
in ísle brí a bhís
gus tuairim agat nach mbeifeá ar ais.
Tusa 87 agus aintín 86
cad eile a bhronnfadh an saol ort?
Jab maith le L agus T
post oifigigh ag Mantralaya
An bheirt agaibh ag obair
agus in bhur gcónaí i Mumbai.
Ní raibh i nGoa ach eadarlúid
do bhlianta an Fhómhair.

Mapusa Market

And I missed you
aunty and uncle
in the Mapusa market,
amid the chillies
the gud, the tamarind
and the vinegar.
Your voice
whispering over my shoulder
as I stumbled onward
sans refuge.

Cancer claimed you
when you were feeble
flattened by chemo,
baldness, a witness to your pain.
I miss your loving smile
Your gestures of welcome
The way you used to say 'Let it be!'
When baba used to romp around your house.
You perhaps knew she was sinking, uncle
In your whimsical way you remained
stoic yet unstable.

When you left, ailing for Mumbai
at your only daughter's call
You perhaps knew you would not return.
You 87 and aunty 86
What more could life offer you?
A good job in L and T
an officer's post at Mantralaya
You both lived
and worked in Mumbai.
Goa seemed an interlude
for the Fall years.

Bhí mórtas ort nuair a thaispeáin tú na cártaí gnó
a bhí ag do thriúr mac
in Borivili, san Astráil agus sa Nua-Shéalainn—
cheapfá gur sa seomra suite a bhíodar.
Tráth i gcliabhán—
cliabháin dá gcuid féin anois acu.
Ní féidir a bheith ag súil le lá
a chaitheamh libh níos mó
Nuair a thiomáinimid isteach ó Vasco
chun leoithní Corjuem a bhlaiseadh
Inár suí ar na céimeanna i dtreo na habhann
áit a luíonn trucailí ó Assnora gan chorraí.
Mhair sibh idir Mumbai agus Mapusa
ar nós na ndroichead stagcháblaí Worli agus Aldona.

Thug mamó is daideo
aire dóibh féin
i seantigh Goach
agus cuimhní ar fud na háite.
Ina luí anois i reilig
In Kandivili i bhfad uainn.
Níor fógraíodh do bhás sna nuachtáin áitiúla
Mar ómós deireanach do shaol gan cháim.
Thaitin mo chuid aistí leat.
Phléimis Krishnamurti eadrainn féin
Tá an halla an-chiúin anois.
Ag fanacht go ndíolfaí é.

Mar sin tógtar as mo radharc na bananaí Moira
cuirtear i leataobh na scuaba nua
cuir i bhfolach an bláth cumhra mogra.
Rapáil na rópaí sin do na goirt.
Níl éisc ghoirt ag teastáil níos mó sa tigh seo.
Fanadh na hispíní le haghaidh lá níos faide anonn.

You used to proudly show me the visiting cards
of your sons
—in Borivili, Australia and New Zealand—
as though they were sitting in your living room.
Once you had cradled them
Now they have cradles of their own.

So now we cannot look forward
to spending the day with you
when we drive in from Vasco
to taste the breezes of Corjuem
sitting on the steps towards the river
where the trucks from Assnora lie unmoving.
Your lives bridged Mumbai and Mapusa
Like the cable-stayed bridges of Worli and Aldona.

Grandfather and grandmother
fended for life alone
in an old Goan house
sprawling with memories.
Now interred in a cemetery
in far away Kandivili.
No local papers announced your death
as a last salute to an exemplary life.
You were a fan of my articles.
We used to discuss Krishnamurti
Now the hall is silent
Waiting to be sold.

So take away the Moira bananas.
Put away the new brooms.
Hide the fragrant mogra flower.
Wrap those ropes for the fields.
No more salt fish are needed for this house.
The sausages can wait for another day.

Féachann na bumalónna as alt.
Agus diúltaím don phicil *tendli.*
Tá folús ionam inniu
tá ár sinsir imithe chun suain.
Cuid de Ghoa ar lár.
An margadh ag caoineadh.

(Margadh Mapusa, Goa,
17 Samhain 2015)

The Bombay ducks seem out of joint
and I'll say no to the tendli pickle.
There is a void in my being today
our ancestors have gone to their rest.
a piece of Goa has died.
The market is in mourning.

(Mapusa Market, Goa,
17 November 2015)

Iarnóin

San iarnóin
cloistear giolc
an mhíona
In Mangor
Aer suaimhneach an tsamhraidh
Tairneáilte leis an adhmad,
Bíogann
méara coise m'athar
agus é ina chodladh.

Afternoon

In the afternoon
the mynahs
chirp
in Mangor
The languid summer air
Is nailed to the wood,
As my father's
toes
twitch in sleep.

Báisteach

Bróga ag glugarnach
Suíocháin tais ón mbáisteach
An paisinéir Vasco-Kulem
Ullamh le haghaidh aistir.
0735 agus as go brách linn.
Dabolim—Sankval—Majorda—Margao
Scáthanna báistí ag bobáil, páistí ag béicíl
Greamaithe den taobhlach do thraenacha isteach
Nuachtáin thaise, smionagar ó sciorradh talún
Paisinéir tréigthe ar an mbealach KR.
Báisteach sa traein, ó fhuinneog oscailte
Úire uisce, iomláine an tsaoil.

Rain

Squelchy shoes
Rain-splattered seats
The Vasco-Kulem passenger
Is set for the journey.
O735 and we are on our way.
Dabolim—Sankval—Majorda—Margao
Bobbing umbrellas, shrieking children
Stuck on the siding for inbound trains
Damp newspapers, debris of landslides
Stranded passenger on the KR route.
Rain in the train, from an open window
The freshness of water, the fullness of life.

Praia

A Mhaim, níor inis tú riamh dúinn
Go raibh 'cois trá' mar dhara hainm ort.
Cén mhaith anois é
Nuair a fheicim
Ar an gcros
Taobh le d'uaigh é.
Níor oir sé duitse
An domhan a fheiscint
I dtéarmaí na mara de.
Ach tá do mhacsa ceansaithe
Ag an rúisc 'fish-fosh' seo
Is é ag taibhreamh mar gheall ort
I gclóis chúirte an chroí.

(Reilig Aindriú Naofa, Vasco)

Praia

Mum, you never told us
Your middle name was 'seaside.'
What use is it now
When I see it
On the cross
Beside your grave.
To see the world
In the language of the sea
Was not your cup of tea.
But this 'fish-fosh' fusillade
Has tamed your son
Who dreams of you
In the courtyards of the heart.

(St Andrew's Church cemetery, Vasco)

Padricho sermao vhoneik nhoi.
The priest's sermon is not applicable to his sister-in-law.
[Those in power are lenient to their kith and kin.]
Ní bhaineann seanmóir an tsagairt lena dheirfiúr chéile.

Konkani proverb

Dom Moraes

(1938–2004)

Editor, essayist, biographer, and traveler, Dominic Francis Moraes was one of the best-known English-language poets from India. His first book of poetry, A *Beginning* (1957), was published when he was 19.

His first poems were written at age 12; his first book on cricket, *Green Is the Grass*, was published when he was 13. *A Beginning* won him the Hawthornden Prize for the 'best work of the imagination' in 1958. His other volumes include *John Nobody* (1965), and *Beldam Etcetera* (1966).

Moraes also edited magazines in London, Hong Kong, and New York, including, in 1971, *Asia Magazine*. He wrote and co-directed more than 20 television documentaries for the BBC and ITV and served as a war correspondent in Algeria, Israel, and Vietnam. He also worked for some time with the United Nations. Moraes returned to poetry with the publication of *Collected Poems* (1987). His autobiographies include *My Son's Father* (1968) & *Never at Home* (1992).

Maidin Cháin

Tar éis dó a dheartháir caoin a mharú
Lig sé do na deora titim is chuaigh ar fán,
Chuir an milleán air féin as dearúd
Eile, fhios aige nach mbeadh cúiteamh le fáil:

'I dtost an lae inniu, táim liom féin,
'Ach (tuig seo) ní rabhas gan dea-chuspóir:
'Tá cathú orm, cinnte táim i bpéin
Gur mhúchas dúil sa tsaoirse lena chró.'

Is d'éirigh an mhaidin glas is d'éirigh glé.
Do chrap an solas i dtobainne is bhí ina smúit:
Ansin fá dheoidh a chiontacht dó ba léir
Fiú dó féin, is chuaigh amú.

Do gháir na sléibhte, Marfóir! a deir an sruth
I gcogar, is bhí a cheann ag damhsa, aon dó trí,
D'fhéach ar neamh ansin ach bhí a ghuth
Á bhá i bhfuaire liath na báistí.

Cainsmorning

Having eliminated his dear brother
He let tears fall and wandered off alone,
Blaming himself in whispers for another
Error, yet knowing that he could not atone:

'In this day's silence I am unattended,
'Yet (understand me) I did all for a good:
'Though I am sorry now that I have ended
'My thirst for freedom in my brother's blood.'

The morning changed, grew chilly and transparent.
Suddenly all the light shrank and was gone:
And then at last his guilt became apparent
Even to him, yet he went slowly on.

The mountains sneered, the river whispered Slayer!
He felt a saraband start in his brain,
And turned his face to heaven, and saw his prayer
Melt in the cold, the grey, the faceless rain.

Ag Seoladh go Sasana

Thiteas i mbrionglóid, ní rabhas in ann éirí.
Táim i ngrá, míshonas a shantaím.
Rud éigin ionam a tharraing í as an muir:
Aghaidh mhín bhrónach, clocha a dhá súil.

Monabhar éigin ionam agus buairt
Faoin triúr a scuabadh chun siúil, breathnóirí ag geonaíl,
Cromtha, uillinneacha ag sracadh i measc na dtonn,
Ollmhná cniotála, is duine á bhá.

Ní raibh snámh aige is chuaigh sé síos faoin toinn
I ndiaidh a bháis ansin sea chuaigh ar snámh
Ag breith ar fhiailí, ag réiteach leis an taoide
Sa sáile dúigh, an taistealaí sámh.

Fágaim bloba ar a shúile: tonnta ag siosarnach ar an ngaoth.
An ag smaoineamh atá sé. Mar fhuil, éireoidh an ré.
Ag cogarnach ar fud na mara móire
Chun é a dhúiseacht. Ach, más marbh atá?

Déarfad leis gan aird a thabhairt ar a bhás:
'Athraigh anois, seo leat, nach mór am lóin:
'Bí cúramach: draidgháire: seachain a súile:
'Buail fút sa tolglann uachtair ansin ar ball.

'Gáir mar a mheilfeá clocha i do bhéal,
'Fair ar an muir nó díreach suigh leat féin:
'Nó roghnaigh bealach eile seachas bás:
'Is i gcaitheamh an tráthnóna seo, caith néal.'

Sailing to England

Fallen into a dream, I could not rise.
I am in love, and long to be unhappy.
Something within me raised her from the sea:
A delicate sad face, and stones for eyes.

Something within me mumbles words and grieves
For three swept out, while inland watchers groaned,
Humped, elbows jerking in a skein of waves
Like giant women knitting. One was drowned.

He could not swim and so he had to sink
And only floated after having died,
Clutching some weeds, and tolerant of the tide:
A happy traveller on a sea of ink.

I blot his eyes: waves rustle in the breeze.
Perhaps he's thinking. The moon will rise in blood,
Trawling her whisper across the sprawling seas
To rouse him, if he thinks. But if he's dead?

He must forget his death, I'll tell him so:
'It's nearly time for lunch,' I'll tell him, 'change:
'Be careful: grin a bit: avoid her eyes:
'Later go settle in the upstairs lounge

'And laugh as if you ground stones in your teeth,
'Watching the sea: or simply sit alone:
'Or choose the wise alternative to death:
'A nap to while away the afternoon.'

Ar a Seacht a Chlog

Suathaire na Siolóine, cuireann a cheann leathmhaol
Cuma ghreannmhar air, cuma thláith,
A lámha sean-bhrúite aige os cionn mo leapa
Chun mé a bheannú nó ar tí seanmóir a rá.

Lámha an éanlaitheora réidh chun mé a phiocadh
Ag bogadh feadh mo thaoibh 'dtí an cheathrú.
Tugaim faoi ndeara áfach cé chomh cúramach
Is a fhanann na polláirí caola aige i bhfad uaim.

Uaireanta breathnaíonn na súile antartacha síos,
Ceileann na caipíní súl an drochmheas atá á ndó:
Eolas domhain íorónta ar an gcolainn thanaí
Nó ramhar (i gcónaí gránna), an fheoil.

Maidhm sheicne, ainglis, is neascóid faoi bhláth
Á nochtadh faoina lámha, lom go brách.
A mhéara ar an gcraiceann, sroicheann anam.
Ar maidin aithnímse an saoi lách.

Dar liomsa athshaolaítear é mar Chríost:
Mo cheathrúna á suaitheadh aige gach lá:
Mo thiarpa aige á bhualadh lena dhorn
'Aiséirigh' faoina anáil aige á rá.

At Seven O' Clock

The masseur from Ceylon, whose balding head
Gives him a curious look of tenderness,
Uncurls his long-crushed hands above my bed
As though he were about to preach or bless.

His poulterer's fingers pluck my queasy skin,
Shuffle along my side, and reach the thigh.
I note however that he keeps his thin
Fastidious nostrils safely turned away.

But sometimes the antarctic eyes glance down,
And the lids drop to hood a scornful flash:
A deep ironic knowledge of the thin
Or gross (but always ugly) human flesh.

Hernia, goitre and the flowering boil
Lie bare beneath his hands, forever bare.
His fingers touch the skin: they reach the soul.
I know him in the morning for a seer.

Within my mind he is reborn as Christ:
For each blind dawn he kneads my prostrate thighs,
Thumps on my buttocks with his fist
And breathes, Arise.

Ailtireacht

Chuir ailtireacht aintín
An páiste ag taibhreamh faoi chúpólaí,
Cruinneacháin, cruthanna míne cruinne nach iad.
A shuan suaite ag an gcéimseata.

Chuir ailtireacht na mban óg
Isteach ar an slataire ábhairín:
An glóbachas, teannas, uigeacht,
Lása maisiúcháin is tacaíochta.

I bhfad óna aintín, d'fhéach an seanpháiste
Ar chruinneacháin is ar chúpólaí á lot
I dtíortha gan áireamh i gcaitheamh an ama.

Míle ciliméadar de lása á thruailliú,
Ailtireacht go leor, lonrach, foirfe
Ar bharr lasrach sna goirt gan tacaíocht dá laghad.

Architecture

The architecture of an aunt
Made the child dream of cupolas,
Domes, other smoothly rounded shapes.
Geometries troubled his sleep.

The architecture of young women
Mildly obsessed the young man:
Its globosity, firmness, texture,
Lace cobwebs for adornment and support.

Miles from his aunt, the old child
Watched domes and cupolas defaced
In a hundred countries, as time passed.

A thousand kilometres of lace defiled,
And much gleaming and perfect architecture
Flaming in the fields with no visible support.

Mov mellta thuim konnui khonddta.
Anyone can dig where it is soft.
[To take undue advantage of a soft-hearted or weak person].
D'fhéadfadh éinne bogach a thochailt.

Konkani proverb

Domingos Jose Soares Rebelo

(1873–1922)

Domingos Jose Soares Rebelo, poet, economist and writer, was born in Margao.

He moved to British East Africa. In Mombasa, he landed a teaching job.
He also taught Portuguese to British Navy and Army personnel, and was
offered a job censoring Portuguese and Konkani mail. In 1945, Soares-Rebelo
proceeded to Lisbon to undertake a teaching diploma, but left soon after for
Mozambique, where he worked as economist at the US consular offices in
Lourenço Marques. His articles on issues of trade, socio-economic trends, and
geopolitics have been published in East and South Africa, the USA and Europe.

translator Isabel Santa Rita Vas

Rtd. Associate Professor, Department of English, Dhempe College of Arts and
Science, Miramar, Goa. At present, Isabel Santa Rita Vas is on the Guest Faculty
of Goa University. *Author of Frescoes in the Womb: Six Plays from Goa.*

Fia-Chailleach

Samhlaigh duine de na mná gránna sin
colainn chraptha, gialla tite,
srón chromógach mhíchumtha, fiacla ag gobadh amach,
braoithe fiata dlútha bána,

Dlaoithe fada giobacha suaracha
ag titim thar a guaillí cama,
lámha meata agus méara cranraithe,
míle splanc ag éalú as a dhá súil.

Sceitse den bháirseach lofa é sin
í á léiriú le gualach.
Arsa an duine stuama a d'fheicfeadh í, 'A leithéid de bhrúid!'

An gnáthdhuine, beireann ar mhaide, gearrann fíor na croise air féin
is ar sé de mhonabhar: 'Mo ghraidhin í! Bean téagartha!
Is treise í ná Rí Solamh!'

The Witch

Imagine one of those vile old women
shrunken body, sunken jaws,
aquiline and ugly nose, jutting teeth,
thick, fierce and white eye-brows,

Long, shaggy and squalid tresses,
crowding over her bent shoulders,
shrunken hands and knotted fingers,
her eyes blaze out a thousand sparks.

This is the sketch of that vile shrew
delineated only in charcoal.
The serious man sees her and exclaims, 'What a beast!'

The common man grabs a stick,
blesses himself and mutters, 'Hail! Such a tough woman!
More powerful than King Solomon!'

Slánú

(Chrom sé a cheann agus thug uaidh a spiorad, EOIN, 19:30)

A cheann cromtha, é ag foghlaim an bháis,
slán á rá aige den uair dheireanach
siombail den fhiúntas lonrach—
an Fáidh ardchéimiúil, Dia ina Dhuine.

Chrith an domhan ar a insí suaracha
an duairceas ina bhrat anuas air,
eirmín ina néal
ó Gheitséamainí go Calvaire

Á! Uafás! Lá na barbarachta!
Muire ag geonaíl
i ndeireadh na feide: 'Mo chreach!'
An taoiseach céid ag breathnú ar íobairt seo
an anama ghlé agus liúnn a choinsias os ard
'Dar mo lámh, ní fhéadfadh éinne é a fhulaingt
ach Mac Dé féin.'

Redemption

(And he bowed his head and gave up his spirit. JN., 19:30)

Head bowed, dying,
he had uttered his last goodbye,
—a symbol of all that is worthy and radiant—
the eminent Prophet, the Man-God.

The earth shook on its mean hinges
gloom enveloped it like a shroud,
ermine turned to pall
from Gethsemane to Calvary!

Ah! Horror! What a barbaric moment!
Disconsolate, Mary
murmured between sobs: 'O me!'
The centurion beheld the host of innocence
sacrificed, and with a hand over his conscience
cried out 'Only the Son of God
can suffer so.'

An tAinrialaí

Tigh tábhairne ainnis agus diabhal bocht
darbh ainm Tadeu ina shuí sa doras
oíche gheimhridh is é ag machnamh . . .
cad air? . . . cá bhfios.

Taobh leis bhí laindéar,
sháigh sé a lámh thanaí ina phóca,
tharraing amach scian agus d'fhógair
'Díoltas go deo!' le fuarchúis an aindiachaí!

Agus chuir sé leis: 'Obair gan mhaith í obair an bháicéara;
Triallfad ar ghiúistís na cathrach féachaint an gcabhródh sé liom
is cóisteoir a dhéanamh díom;

Mura ndéanfaidh, má dhéanann sé neamhshuim díom,
leis an laindéar agus leis an scian seo
Beidh marú is loisceadh ann anocht is go brách!'

The Anarchist

At the door of a miserable tavern
a poor devil named Tadeu
could be seen sitting, one winter night
pondering . . . who knows what?

By his side he had a lantern,
he thrust his bony hand into his pocket,
pulled out a knife, and 'Eternal vengeance'
he exclaimed with an atheist's indifference!

Then he added 'The work of a baker
is bad; I am going to find out if the municipal magistrate
will help me and make me his coachman;

if he does not, if he disregards me,
with this lantern, with this knife
I will cause fires and death without end!'

Hagrea fuddem vagrem khainchem?
If a man badly needs to relieve himself,
what does he care even if there's a tiger nearby?
An té a bhfuil a mhún air, is cuma leis má tá tíogar ar na gaobhair.

Konkani proverb

Edwin Thumboo

born 1933

Emeritus Professor and Professorial Fellow, National University of Singapore, Edwin Thumboo has been involved in Singapore's literary developments since 1951. He has published six volumes of poetry. Among the honours he has received are Southeast Asia Write Award (1979), Singapore Cultural Medallion (1980), ASEAN Cultural and Communication Award in Literature (1987), the Raja Rao Award (2002), and the Suthorn Phu Award (2013). He is a Fellow of the International Writing Programme, University of Iowa (1977). A selection of his poems translated into Chinese is scheduled to appear later this year. Studies of his work include *Edwin Thumboo: Creating a Nation Through Poetry* (2008), by Peter Nazareth; and *Essays on Edwin Thumboo* (2009/2012) and *Understanding Verbal Art: A Functional Linguistic Approach* (2015), both by Jonathan Webster. *Edwin Thumboo: Time Travelling. A Selected Annotated Bibliography* (2012) edited and compiled by Gwee Li Sui and Michelle Heng and published by the Singapore National Library Board contains a selection of essays and tributes.

Tithe Sinseartha, Goa

(do Nina Caldeira)

An mhuir amháin, an ghrian, na fiolair a thimpeallaíonn
Gach bá ar sciatháin theirmeacha os cionn an róis dheirg
Is na loiteoige bándeirge, spíonta brúite ag an teas bán,
Iadsan amháin a thuigeann i gceart conas a mhaolaíonn sibhse,
Foirgnimh ó thús an tsaoil, an t-am. Cuireann sibh loinnir i móimintí,
Á dtástáil, a scriosadh, á gcomóradh go seasmhach ina dtréimhsí
Nótáilte. Bhreathnaigh sibh ar laethanta iontacha ómra,
Startha ísle, scliúchais; colm ag tuirlingt;
Glúin i ndiaidh glúine; a gcluichí
Á dtaifeadadh, dhá theanga á láimhseáil agaibh chun déileáil
Leis na searbhóntaí; umhlú nó cúirtéis a dhéanamh ar mhaithe
leis na Seanóirí,
Gaolta, cairde dúthrachtacha. Déantar matrarcaí
De chuid acu, bhí an chumhacht i ndán dóibh, a gcuid tostanna
Rúnda, casadh beag á bhaint as polaitíocht teaghlaigh
Nó mac drabhlásach a chosc ar chrúbáil oíche,
Ar chiorrú coil ar uairibh.

Sa tóir ar Chríostaithe is ar spíosraí a thána

Is mar sin a d'eascair siad, dearúdadh ceann acu, deineadh
An ceann eile a shábháil, ag gabháil thar an Veinéis, timpeall Mhurascaill
Na Guine chun daoir a phiocadh suas. *Those were the*
days, my friend, We thought they'd never end
Ó thránna leathana, radharc ar bhóithre ag éirí
Scuab sibh isteach go cnoc, go sruthán, nó áit
Ar tháinig tuirse ar chuspóir, ar chumhacht, ar shaint. Is mar sin
A d'fhás na Tithe Móra. Luso nó Indo ag iompú ina stíl
Ghoach, uathúil ó thaobh cumhachta de, insealbhú, a cruthaíodh
Le breithiúnas is saibhreas, stuaim agus préamhachas. Tarraingt fós
Ag an néatacht, an Clós Cúirte gan athrú is an gairdín.
Féach go géar; leag lámh ar threilís fhíneáilte,
Colúin is frámaí fuinneoige faoi mar gur bróidníodh iad.
Staighrí d'adhmad costasach ar chuir dearnana boga snas orthu;
Síleálacha breac le cuimhní is cumha, speabhraídí is creideamh.
In íomhánna a bheireann greim ar an tsúil chun an tsamhlaíocht a chothú . . .
. . . scéalta laistigh de scéalta, miotais, taibhrimh, finscéalta . . .

Ancestral Houses, Goa

(for Nina Caldeira)

Only the sea, the sun, the eagles circling
Each bay on thermal-wings above red rose
And pink lotus bruised listless by white heat,
Truly know how you, immemorial edifices,
Mitigate time. You burnish, endure, test,
Delete or memorialise moments into notable
Epochs. You watched brilliant amber days,
Low histories, skirmishes; a dove descend;
How generation begets generation; log them
At play, intoning two languages to manage
Menials; bow or curtsey to impress Elders,
Relatives, earnest friends. Some become
Matriarchs, pre-destined to power, keeping
Secret silences, tweaking family politics or
Caging a randy, hot and spicy son from
Prowling nubile nights, some incestuous.

I come in search of Christians and spices

They grew therefrom, forgot one, harvested
The other, bypassing Venice, curved the Gulf
Of Guinea picking up slaves. Those were the
days, my friend, We thought they'd never end
From broad beaches, vantage of rising roads
You swept deep inland to hill, stream, or where
Purpose, power, greed turned weary. Thus grew
Great Houses. Luso or Indo merging into a Goan
Style, unique in power, investiture, called forth
By taste and wealth, tact and rootedness. Neat,
Timelessness Courtyard and garden still pull.
Look close; touch perhaps. Delicate trellises,
Pillars and window frames as if embroidered.
Staircases of fine wood polished by soft palms;
Ceilings depicting nostalgia, fancy and faith.
In images that grip eye to feed imagination . . .

. . . stories within stories, myths, dreams, legends . . .

Portaingéalaigh, Afracaigh, measc is meaitseáil Indiach.
Pósadh, bualadh leathair, an saol is teagmhálacha, féiniúlachtaí
Deartha, eochairinsintí ar nós Skin ina ngnóthaíonn
Afonso Miranda maoin agus clú. Ceannaíonn talamh
Is daoine i mBassein, Goa agus Daman.
Téann a gharmhac le trádáil. Agus é glan ar meisce, éigníonn
An leaid daor, banphrionsa treibhe. Gan fhios, maraíonn sé
A bpáiste, Perpetua, le teann cruálachta.
Pósadh déanach, éagumas ainsealach, mar phionós
B'fhéidir, tréigeann sé Maria Miranda Flores, spéirbhean
Nótáilte, maighdean. Faobhar curtha ar a ceathrúna ag capall
Is stíoróip, a gabhal ar leathadh le fonn chun plibe. Uaigneach.
Dúilmhear. Tuigeann sé. Is cuma léi faoi ionadaithe mealltacha.
Arraing thar fóir, an mhóimint lom sin, gabhann súile glasa sagartúla
Inti is athnochtann mar shine aonair Ghor-gor. Draíocht
Ghéiniteach. B'fhéidir go seachadann géinte cuimhní cine chomh maith.
Níos mó ná bríce is moirtéal, mórthaibhse, solas
An lae, réaltaí istoíche, gnáth-ghiúmar is giúmar ríoga,
Comhchuimhne is ea sibh ar theaghlach, ar fhine, ar cheast;
 Achoimre náisiúnta; súil ar an diaspóra. Sibhse go deimhin
Dialachtaic áite, ama, luaile; ciúnas glan; foirm
Is dath; meas ar chéimseata ach an saor-shreabhadh á cheapadh,
Ligean don spiorad príomhúil a ailtireacht féin a shocrú.
Siúlaimid. Braithimid do chuisle a dhéanann traidisiúin a mheabhrú
Dúinn is a athbheochan, fréamhacha, cá seasaimid, ár n-ullmhú chun
Weltschmerz a fhulaingt, fiabhrais idirnáisiúnta, tubaistí. Socracht, stuaim:
Mar is eol daoibh buanna lonracha is cúinní dorcha; titim
Is aiséirí. Saint, paisean; laigí teicteonacha.
Leigheas is ea sibh le bhur suáilcí glana réamh-charrac; móimintí
Léargais. Gach úrchluiche solais is dathanna, radharc éigin nua
Ar an domhan, cuirimse beagán leis an teanga
Sinne á dtabhairt chugaibhse, chuig compánaigh agus isteach ionainn féin.
        Gloria in excelsis.

Samhain/ Nollaig 2014, Singeapór/Goa

Of Portuguese, African, Indian mix and match.
Marriage, rutting loins, life and contacts, design
Identities, lead narratives such as Skin. There
Afonso Miranda makes fortune, fame. Buys
Earth and people in Bassein, Goa and Daman.
Moves grandson into trade. When drunk, the lad
Rapes a slave, a princess of her tribe. Unbeknown,
He kills Perpetua—their child—by his cruelty.
A late marriage, chronic impotence, punishment
Perhaps, leaves Maria Miranda Flores, a great
Beauty, intact. Honed by horse and stirrup, her thighs
Wait endlessly to grip his flanks. Lonely. Hungry. He
Knows. She ignores tempting surrogates. In helpless
Ache and agony, that bare moment, green priestly eyes
Enter her to reappear, like Gor-gor's single nipple. Gene
Magic. Perhaps they transmit racial memories as well.

Beyond brick and mortar, great appearances light
Of day, nightly stars, ordinary and the regal moods,
You are collective memory of family, clan, caste;
National summation; watched its diaspora. You embody
Dialectics of place, time, motion; pure stillness; form
And colour, respecting geometry yet invent free flow,
Letting the primal spirit settle its own architecture.
We walk. We feel your pulse recall, revive traditions,
Roots and bearings, readying us to digest global angst,
International fevers, misadventures. Steadiness, sanity:
For you know gifts of radiance and dark corners; fall
And resurrection. Greed, passion; tectonic frailties.
You cure, purify with pre-carrack virtues; moments
Of epiphany. Each fresh play of light and colour, some
New angle to view the world, I add a little to the language
Bringing us to you, to companions, and into our selves.
                    Gloria in excelsis.

Nov/Dec 2014 Singapore/Goa

Deklem modem ailem rodnnem.
The corpse is seen and the weeping begins.
[An indifferent person showing superficial grief].
Nuair a fheictear an corpán, tosnaíonn an caoineachán.

Konkani proverb

Eunice de Souza

(1940–2017)

Eunice de Souza was a widely acclaimed poet, novelist and anthologist of 20th and 21st century Indian writing. She was also a critic, columnist and writer for children. Her first book of poetry *Fix* (1979) was hailed as " *... a practically perfect book, and one of the most brilliant first books I have encountered.*" (K.D. Katrak, *The Sunday Observer*). Most of the poems seem at first to be caricatures of the Goan community, but are in fact minutely-observed revelations, occasionally indulgent but more often critical. There are also several poems about the poet's own fraught and unresolved relationships. Her mix of trenchant observation and the confessional with more than a touch of self-deprecation and black humour became her distinctive style, reappearing in later collections, *Women in Dutch Painting* (1988), *Ways of Belonging* (1990), *Selected and New Poems* (1994), and *A Necklace of Skulls* (2009), unabashed even in her last volume *Learn from the Almond Leaf* (2016).

Amhráin Shaonta

1
Cé a chruthaigh thú?
Dia a chruthaigh mé.
Cad fá ar chruthaigh Dia thú?
Chun aithne a chur air, agus é a ghráú
agus chun séan síoraí a shealbhú ina theannta
ar an talamh seo agus ina dhiaidh seo ar neamh.

II
caora oráiste sa chúlchlós
éisc órga sa linn
an ghrian go hard sa spéir
uncailí a chuireann le d'airde

gan aon mhiotas i gcuimhne dá leithéid
maidneachan gan fuacht
meon buíáin
roimh an titim

III
Santaím do bhrionglóid saontachta:
scata flós faoi bhláth
dóibh féin
éin atá sách mór chun clocha abhacáid a shlogadh

Ach d'fhéadfadh glaise a bheith
chomh bogthais leis an mbroinn . . .
Seachain, a chara, an té nárbh eol dó riamh
séasúr an triomaigh.

IV
Sa tóir ar fhréamhacha
tagaim ar an bhfeighlí marbh
na seangáin bhána ag tochailt
seanaintín feistithe i líonta damháin alla.

Songs of Innocence

I
Who made you?
God made me.
Why did he make you?
To know him, to love him
to be happy with him forever
in this world and the next.

II
Orange berries in the backyard
goldfish in the pond
the sun high in the sky
uncles who make you feel tall

no myth in such memories
no chill in the dawn
marigold mood
before the fall

III
I crave your dream of innocence:
a profusion of flowers blooming
for themselves
birds big enough to swallow avacado stones

But green can be
humid as the womb . . .
Avoid, friend, the man who has never known
a dry season.

IV
Searching for roots
I find the caretaker dead
the white ants burrowing
grand-aunt clothed in cobwebs.

Titeann a clog as a chéile
i mo lámha.

Borrann aníos as na scothacha
tithe bándearga suiminte.

Cloisim na muca ag soláthar dóibh féin
agus tuigim nach é seo is baile dom.

Níor bhaile riamh dom é:
d'fhág daideo is é fós ina ógfhear.

Tobar gainimh a bhí aige.
Tugadh a thuilleadh gainimh dó.

Her clock
crumbles in my hands.

Pink cement houses
surge up among the fronds.

I hear the pigs forage
and know this is not home.

This never was home:
grandfather left as a young man . . .

He had a well of sand.
To him more sand was given.

de Souza Prabhu

Nílim, nílimse chun tochailt
go domhain agus a fháil amach
gur de Souza Prabhu mé dáiríre
fiú murarbh aon amadán é Prabhu
a thug an dá shaol leis.
(Bráman Caitliceach! Cloisim fós a gháire ramhar).

Is cuma
más ainm Gréagach atá orm
sloinne Portaingéalach
mo theanga eachtrannach.

Tá slite ann
le bheith páirteach.
Bainimse leis na lachain bhacacha.

Chuala mé á rá
gur buachaill a bhí ó mo thuismitheoirí.
Dheineas mo dhícheall ar a bheith cáilithe.
Cheileas rianta fola
ar mo chuid éadaigh
is ligeas dom' chíocha a bheith ina liobar orm.
Briathra mar arm
céasta.

de Souza Prabhu

No, I'm not going to
delve deep down and discover
I'm really de Souza Prabhu
even if Prabhu was no fool
and got the best of both worlds.
(Catholic Brahmin! I can hear his fat chuckle still)

No matter that
my name is Greek
my surname Portuguese
my language alien.

There are ways
of belonging.
I belong with the lame ducks.

I heard it said
my parents wanted a boy.
I've done my best to qualify.
I hid the bloodstains
on my clothes
and let my breasts sag.
Words the weapon
to crucify.

Idil

Nuair ba Ghoa é Goa
deir mo sheanathair
gur tháinig ropairí
an sliabh anall
go dtí an baile seo againne
díreach chun a bheith ag lapadaíl
sna fuaráin ann agus cuairt a thabhairt
ar Shéipéal na Maighdine.
Bhí na seanmhná slán
i measc a gcuid málaí
ríse is sillí,
níor chuir sé isteach orthu nuair a chrústáil
anamacha suaite na purgadóra na díonta
le clocha is iad ag lorg paidreacha.
Is toisc leamhas a bheith orthu a bhain nathracha
plaic as daoine.

Idyll

When Goa was Goa
my grandfather says
the bandits came
over the mountain
to our village
only to splash
in cool springs
and visit Our Lady's Chapel.
Old ladies were safe
among their bags
of rice and chillies,
unperturbed when souls restless in purgatory
stoned roofs
to ask for prayers.
Even the snakes bit
only to break the monotony.

Varca, 1942

D'fhógair an tArdeaspag go mbeadh
ar thiarnaí talún móra agus tuathánaigh
adhradh i dteannta a chéile
Mar sin scaoileadar tiarnaí talún móra Varca
scaoileadar lena nArdeaspag
(urchar iomraill)
agus dhruid an tArdeaspag
doirse an tSéipéil ina n-aghaidh á rá
nach ligfí tiarna talún ar bith isteach
i Seipéal Varca ná Séipéal eile ar bith
sa Domhan Críostaí
Ní dhíbreofaí deamhain
ó naíonáin nuabheirthe
ní bheannófaí daoine atá ag fáil bháis
le holaí beannaithe
Tar éis roinnt míonna
ghéill an tArdeaspag
dhein na tiarnaí talún aithrí
agus bhí comh-adhradh ann ag cách
Agus ba thiarnaí talún iad na tiarnaí talún feasta
agus na tuathánaigh ina dtuathánaigh
go deo ina dhiaidh sin.

Varca, 1942

The Archbishop said
Great landlords and peasants
must worship together
So the great landlords of Varca
shot at their Archbishop
(they missed)
and the Archbishop
barred the church doors and said
No landlord will enter the Church
in Varca or any other Church
in Christendom again
Devils will not be cast out
of the newborn
the dying will not be blessed
with holy oils
After many months
the Archbishop relented
the landlords repented
and everyone worshipped together
and the landlords were landlords
and the peasants peasants
ever after

Boil sanddleleachea kanant vaztat ghantti.
The man who has lost a bull hears the tinkle of cowbells.
[What we have lost or what we crave for is always uppermost in our minds.]
An té a chaill tarbh, cloiseann sé cloigíní bó.

Konkani proverb

Hubert Ribeiro Santana

Hubert Ribeiro Santanawas born in Kenya, of Goan parents; he lived in Dublin for a while. As a young man, he underwent an operation that removed a lung and lived face to face with death, as his poems indicate. He lived the latter part of his life in Canada, where he died, in his 40s.

Ar Mhullach Bhinn Éadair

Gháir tú nuair a bhánaigh na tonnta glasa
Ar charraigeacha i bhfad uait, á rá, "Scaoilfead
Saor mo chuid ribíní chun go gcloisfinn
Toirneach bhog na gaoithe im' chuid gruaige."

"Níl sa ghaoth ach bláthfleasc an tsáile.
An fhuil ag cuisliú ionam—cuthach
Na n-aoiseanna—a chloiseann tú is ní an ghaoth
Mar thoirneach bhog i do chuid gruaige."

Baile Átha Cliath, 1966

On Howth Head

Laughing to see the green waves pale
On far rocks, you said, "I will pull
Loose my ribbons, that I may hear
The wind's soft thunder in my hair."

"The wind is but the water's wreath.
It is my beating blood—the wrath
Of ages—and not the wind you hear
Makes that soft thunder in your hair."

Dublin, 1966

Toro Canyon

Santaím na flaithis níos mó agus níos mó,
An samhradh fada deireanach agam ag éag
Sna sléibhte Santa Barbara os cionn
An Aigéin Chiúin mar spéir rocach sínte fúm.
Íorna eile dem' shaolsa réidh—
Cad iad na saolta a casadh ar an bhfearsaid
Ocht mbliana is fiche seo—agus is gearr go lomfar iad
Snáthanna na síoraíochta.

. . . .

Mar sprionga briste uaireadóra léimeann m'aigne
Siar chun cuaifeach dorcha mo bhreithe
Sa Chéinia, an lá deireanach de Dheireadh Fómhair
Thána ar an saol im' ghadaí dé,
An bheatha á hanálú ag scamhóga caointeacha, mo shúile
Ag lorg solais trí ghlónra deor.

. . . .

Slua de mo ghaolta mar lucht féachana glórach
Ag m'óige uaigneach: ar gach lá breithe thagadh
Asarlaithe na soc sionnaigh le bronntanais shuaracha,
D'fhanadar ag ól is chuir a dtafann an ruaig ar an ré.
Ní cuimhin liom gothaí ciúine an chairdis,
Ná an meangadh dlúthchairdiúil, an rud is annamh.
Mé ag taibhreamh faoi chrainn is ulchabháin ag glaoch na huaire,
Agus deilf chodlatach cuachta suas sa spéir
I bparthas soilse. Im' pháiste brónach
Rimbaud is mo bháidín páipéir agam á sheoladh
Ar uiscí na hEorpa
Faiteach éadrom mar fhéileacán

. . . .

Bleá Cliath, cathair chomh banúil leis an muir,
Chomh dearóil matánach leis an gcré,
An mealltóir, éadmhar is tragóideach:

Toro Canyon

My hunger for heaven grows keen,
My last and longest summer is fading
In the Santa Barbara mountains above
The Pacific spread like a wrinkled sky.
Another skein of my life is complete—
I have wound lifetimes round a twenty eight
Year old spindle—and soon the thread that webs
Eternity will be sheared.

. . . .

Like a broken watch spring my mind spins back
To imagine the dark squall of my birth
In Kenya, when on October's last day
I emerged to the world a thief of breath,
My sobbing lungs inhaling life, my eyes
Seeking comfort through a glaze of tears.

. . . .

My lonely boyhood had loud attendance
From a crowd of relatives: each birthday
The fox-faced magi came with paltry gifts,
And stayed to drink and bay away the moon.
No quiet gesture of tenderness,
Or the smile that is intimate and rare.
I dreamed under trees where owls called the watch,
And in the sky a drowsy dolphin curled
In a paradise of lights. I would be
Rimbaud's child of sadness launching on the the
Water of Europe my paper boat
Anxious and light as a butterfly.

Dublin, city feminine as the sea,
Seedy and muscular as the earth,
Was my seducer, jealous and tragic:

Paisin gheimhreata a chreimfeadh cnámha;
Ciúnas agus buairt an tsneachta; laethanta samhraidh
Gafa i ngéaga ar chnocáin Bhinn Éadair
Gur thit an oíche is mearbhall réaltaí.
Beannacht ghéar na cathrach a chruaigh m'aigne,
A d'fhág mo cholainn briste spíonta; ní bheidh mé saor
Mura bpiocfainn amach mo shúile, agus fásach fiáin
A dhéanamh de m'anam.

Anois i measc shléibhte Toro Canyon
Bhíos ag súil mo lá breithe a chanadh
I measc cairde cnis, cuairt a milsíodh le gáire;
Ach ina áit sin chuimhníos ar an léan
A thugas liom chun na mbeann, is ar an sólás
A thug a mbuaine dom: na guaillí teanntásacha
In aghaidh na spéire. Nílim gan mhisneach,
Ach líonann an dorchla deireanach mé le huamhan,
Mar a bheadh tarbh seang ann is lansa ina ghuaillí

Is guagach é mo sheasamh, ag feitheamh
Leis an gcláíomh a sháfar i gcroí na fírinne.
Agus tá cumha orm, mar má mhachnaítear
Ar an misneach, cé atá ina laoch, an tarbh stóchúil
Nó damhsóir an mharaithe faoina chulaith shoilseach?

Má fhiafraíonn tú faoim' shaol, ar cuireadh aon ní
I gcrích? Siúráilte:
Na bloghanna barbartha chun ceiliúradh a dhéanamh
Ar a bhfuil d'eolas agam ar ríméad; tá fuar
Ag an duine duairc bualadh ar dhoras neimhe.
Insím an méid sin duit chun nach gcaoinfeá
M'imeacht. Slán. Cuimhnigh orm
Mar fhile. Bhí an uile dhomhan ionam:
Bhí sibhialtachtaí im' chuisle,
Chuimsigh mo cholainn ilchríocha
An Eoraip i réise sciathán,
Im' shúilese an Áise go léir.

(Deireadh Fómhair, 1970. Santa Barbara)

Wintry passions to corrode the bone;
Silence and the grief of snow; summer days
I lay in her arms on the hills of Howth
Till nightfall brought a giddiness of stars.
Her bitter blessing hardened my mind,
Broke and spent my body; I'll not be free
Unless I put out my eyes, and turn
My soul into a raging desert.

Now in the mountains of Toro Canyon
I had hoped to sing my birthday among
Dear friends, a sojourn made sweet with laughter;
But wondered instead of sorrows taken
To these mountains, of comfort drawn from their
Endurance: the bullish shoulders pitted
Against the sky. I'm not without courage,
Yet I pale before the last corridor,
Where like a lean bull whose shoulders are lanced

I stagger to maintain my stance, waiting
For steel to plunge into the truthful heart.
And I am sad, for when courage is thought
On, which is the hero, the stoic bull,
Or the dancing killer in a suit of lights?

If you ask of my life if anything
Ever was done, I'd answer Yes:
These barbarous fragments to celebrate
All that I know of joy; - gloomy
People beat in vain on heaven's door.
I tell you this so that you cannot grieve
My passing. Farewell. Remember
Me as a poet; I contained all worlds:
Held civilizations in my pulse,
And continents within my body's bounds
Europe encircled in my hands,
And all of Asia in my eyes.

(October, 1970. Santa Barbara)

Dearcadh ar an mBás

Tuigimid a chéile, mise agus an bás.
Thriail sé orm an uile chleas,
Ach stánas air ar ais is tuigeann sé mo chás
Ainneoin gach ní. Ní hé mo leas
É síneadh siar fá shuan inniu is an lá chomh geal;
Is cairde sinn, mise agus an bás, go brách.
Is nuair a thiocfaidh sé chun a gheallúint a chomhlíonadh
Beadsa sona, sea, ach beirse ag caoineadh.

(Baile Átha Cliath, Eanair 1970)

118

An Attitude to Death

We understand each other, death and I.
He's tried out all his famous tricks on me,
But he's found in spite of all, my eye
Can still outstare his own. It's only
That the day's not dark enough for sleep;
For death and I are friends, and will be.
And on that great day he returns to keep
His word, I'll be at peace, but you will weep.

(Dublin, January 1970)

Zor roddta pejeak, goirum roddta jageak.
The fever cries for conjee and the cobweb cries for space.
[Every being has its own need].
Leite ríse ón bhfiabhras agus spás ó nead an damháin alla.

Konkani proverb

Jerry Pinto

Jerry Pinto lives and works in Mumbai. He has one book of poems to his credit: *Asylum and other poems* (Allied) which is now out of print.
He is working on his second collection.

Deisiúcháin Tí

Buille de shiséal sin uile
Is thit falla an tseomra folctha,
Lig osna. Ní hin a raibh súil againn leis
Ach glacadh leis mar a bhí:
Gníomh amháin eile
I ndráma fada
Suiminte.

Bhí falla nua ann gan aon rómhoill.
É ina áit thar oíche
Agus súil againn go mbeadh sé
Mar is ceart d'fhalla nua a bheith.

An mhaidin dár gcionn ámh is an mhaidin ina dhiaidh sin
Leath inár gcodladh, nuair a bhuaileamar ina aghaidh
Ba é ár seanfhalla arís é.
Bhí nóta féinmharaithe fós scrábáilte air
Agus é breac le fuil úr.

D'íocamar na máisúin mar sin féin
Is d'fhoghlaimíomar rud nó dhó faoi athchóiriú.

House Repairs

All it took was the flick of a chisel,
And the bathroom wall came sighing down.
It wasn't quite what we had hoped for
But we took it for what it was:
One more act
in a prolonged dramaturgy
of cement.

The new wall came up quickly.
Overnight, it was back in place
It was all that a new wall should be
Or so we hoped.

Only the next morning and the next
When, sleep-clogged, we lurched into it
We found it was our old wall.
With a suicide note still scrawled on it
With blood still fresh splashed on it.

We paid the masons anyway
And learned something about renovation.

An Baile a Sceitseáil

Dá mbeinnse chun mo bhaile a sceitseáil
Ní dóigh liom go mbeadh sé mar atá do líníochtsa.
Na dronuillinneacha sin go léir, na hinsí nach dtagann
Le mo chuimhní ar obainne is cuair, cruthanna aite
Agus ár dtaispeántas cothromúcháin: ceathrar ar thraipéis.
Ní danaid liom an líníocht ámh.
Go deimhin, is maith liom í; an tslí ina ndéantar
Radhairc chiallmhara as a leithéid de randamacht.

Bíse id' cheamara amháin. Mise im' cheamara eile.
D'fhéadfaimis an tríú ceann, neodrach, a lorg
Ionas nach gcaillfimis faic eadrainn.
D'fhéadfása an mórphictiúr a lorg is mise
An mhionghné. Bheadh an tríú ceamara, lántosaigh,
Ag stánadh, mar eadránaí. D'fhéadfaimis teacht ar rud éigin
Idir an dá leagan.

124

Drawing Home

Were I to draw my home, I don't think
I would do it quite like this drawing of yours.
All these right angles and hinges bear no resemblance
To my memories of suddenness and curves, odd shapes
And our balancing act: four on a trapeze.
Still I don't resent your drawing.
I rather like it, in fact; this way of making coherent
Scenes of such randomness.

You could play one camera. I could be the other.
We could ask for a neutral third so that
Between the three of us, we'd miss nothing.
You could look for the big picture and I
For nuance. The third camera, full-frontal, unblinking
Could mediate. We might arrive at something
Between your version and mine.

Fuinneog

Cad is féidir a dhéanamh le fuinneog?
Beidh ceithre chúinne aici go deo
Barbartha i gcónaí dar leis an spéir
Dóthain slí i gcónaí do chloigeann amháin
Nó scamall amháin.

Níl aon ní oscailte ag baint le fuinneog.

Window

What can you do with a window?
It will always remain four-cornered
Always be a savagery to the sky
Always offer enough room for only one head
Or one cloud.

There's nothing open about a window.

ALT-CTRL-DLT

Is fuirist scrioschnaipe a bhrú, cúlspás, nó fiú
In extremis
Alt-Ctrl-Dlt le chéile.

Alt
In aghaidh cruinní parailéalacha,
Féidearthachtaí parailéalacha
Beathaí parailéalacha.

Ctrl
Féach
Go géar air
Is imeoidh
An seachmall

Dlt
Níl a leithéid de rud ann.

ALT-CTRL-DLT

So easy to delete, backspace, or even
in extremis
Alt-Ctrl-Dlt all at once.

Alt
Against the parallel universes,
the parallel possibilities
the parallel lives.

Ctrl
The illusion
slips away
if you look at it
directly.

Dlt
Does not exist.

Mo Chuid Dánta

Baineann mo chuid dánta le scata rudaí.

Baineann mo chuid dánta le féilte filíochta.

Scríobhadh mo chuid dánta do dhaoine ar do nós féin.

Tógann mo chuid dánta aicearra. Bíonn mo chuid dánta ar muin cúlsruthanna.

Tá mo chuid dánta ar an ngannchuid.

Is mian le mo chuid dánta go dtaitneoidís leat.

Éilíonn mo chuid dánta go gcuirfeá de ghlan mheabhair iad.

Tá duaiseanna ó mo chuid dánta.

Ní chuirfidh mo chuid dánta isteach ar chomórtais.

Tá duaiseanna ó mo chuid dánta ar a shon san.

Is mian le mo chuid dánta a bheith ar an siollabas agus ar an gcuraclam.

Is mian le mo chuid dánta go n-aistreofaí iad go Hiondúis, Maraitis, Tamailis, Teileagúis, Gúisearáitis, Gearmáinis, Fraincis, Iodáilis, Polainnis, Afracáinis agus Meiriceánais.

Tá díolúine thaidhleoireachta ag teastáil ó mo chuid dánta.

Tá víosa ó mo chuid dánta ar theacht isteach dóibh.

Is mian le mo chuid dánta go ndófaí go poiblí iad ach fir a bheith ann a chaitheann an saghas ceart éadaigh chuige.

Is mian le mo chuid dánta nach n-áireofaí mar chuid den chanóin iad, go fóill.

Ba mhaith le mo chuid dánta go dtiocfaidh an chéad Eliot eile orthu.

Tiocfaidh mo chuid dánta ar an gcéad Eliot eile. Aithneofar é ar mo chuid dánta a athaimsiú.

Is mian le mo chuid dánta a bheith ina n-eipeagraif.

Is mian le mo chuid dánta a bheith ina ngrianghraif d'fhionnmhná broinnfhairsinge a bhfuil nithe míne síodúla acu.

Tugann mo chuid dánta dúshlán don réaltacht fhíorúil.

Is ceannlínte beo agus bunlínte dearga iad mo chuid dánta.

Is mian le mo chuid dánta go suífeá aniar agus éisteacht leis an tost ollmhór nó tiocfaidh siad sa tóir ort.

Tarraingítear mo chuid dánta as na hinní agus as an gcroí agus as an amagdala agus as an drólann shiogmóideach.

Is síolta a cuireadh i do cheann iad mo chuid dánta; péacfaidh siad nuair a chaillfear thú.

Is víris iad mo chuid dánta; athchruthóidh siad iad féin mar nithe beo bíodh is gur nithe neamhbheo iad mar tá siad in ann iompú ina gcriostal.

My Poems

My poems are about many things.

My poems are about poetry festivals.

My poems are written for people like you.

My poems take short cuts. My poems ride slipstreams.

My poems are needy.

My poems need you to like them.

My poems demand that you should memorise them.

My poems want prizes.

My poems will not enter competitions.

My poems want prizes anyway.

My poems want to be on syllabi and curricula.

My poems want to be translated into Hindi, Marathi, Tamil, Telugu, Gujarati, German, French, Italian, Polish, Afrikaans and American.

My poems want diplomatic immunity.

My poems want visa on arrival.

My poems want to be burned in public but only by men in the right kind of clothes.

My poems want exclusion from the canon but for a while only.

My poems want to be rediscovered by the next Eliot.

My poems will discover the next Eliot. Ye shall know him by his rediscovery of my poems.

My poems want to be epigraphs.

My poems want to be photographs of busty blondes with smooth silky things.

My poems challenge virtual reality.

My poems are live headlines and red bottomlines.

My poems want you to sit up and pay attention in pin-drop silence or they will come and get you.

My poems are torn from the gut and the heart and the amygdala and the sigmoid colon.

My poems are seeds planted in your head; they will sprout when you are dead.

My poems are viruses; they will replicate themselves like living things while being non-living things because they can turn into crystal.

Cláir is ea mo chuid dánta; scriosfaidh siad do thiomántán crua agus imphléascfaidh siad.

Tá mo chuid dánta dainséarach; aosaigh amháin atá in ann iad a cheannach, aosaigh a bhfuil teastas neamhlitearthachta acu.

Tá mo chuid dánta á gcosaint ag Amnesty International ach má mheabhraíonn tú é sin dóibh ní chloisfidh tú uathu ach gáire bréagach.

Tá mo chuid dánta á lorg ag Interpol.

Tá lorg mo chuid dánta á leanúint ag an FBI.

Nílimse cosúil le mo chuid dánta in aon chor.

My poems are programmes; they will erase your hard drive and implode.
My poems are dangerous; they can only be bought by adults who are certified
    as illiterate.
My poems are protected by Amnesty International but when you remind
    them of this, they laugh hollowly.
My poems are wanted by Interpol.
My poems are being tracked by the FBI.
I am nothing like my poems.

Aon Dath

Soyarabaie

Aon dath anois, aon dath, tusa is mise.
Féachaimse ort, a Phanduranga, féachaint amháin,
   ní hann duit, ní hann dom.
Síothlaíonn na paisin sin.
Is ann don cholainn...
Feonn an cholainn.
Is aon sinn, ní hann dom, ní hann duit.
Arsa Soyara: Cé a fheictear?
   Cé atá i mbun féachana?

One Colour

Soyarabaie

One colour now, one colour, you and me.
I look at you, Panduranga, one look, no you, no me.
Those passions quieten.
The body is.
The body withers.
One now, no me, no you.
Soyara says: Who's being seen?
    Who's doing the seeing?

[Trans. Jerry Pinto and Neela Bhagwat]

Neela Bhagwat is a Hindustani musician of the Gwalior Gharana as represented by Pandit Sharatchandra Arolkar who studied with Krishnarao Shankar Pandit. Her other teacher is Jal Balaporia. Known for composing and performing thumris from a feminist perspective, her contributions include compositions of Kabir and Meera bhajans.

Fest korta ganv, prisdentichem nanv.
The town celebrates the feast, but the mayor is applauded.
[Undue credit is given to those in authority for the hard work done by others].
Féile ag an mbaile, bualadh bos don mhéara.

Konkani proverb

Jessica Faleiro

Jessica Faleiro is a novelist, travel writer, and a poet. Her debut novel *Afterlife* (2012) is about a family from Goa and their 'ghostly' encounters. Her poems, fiction and non-fiction have appeared in *Asia Literary Review, Indian Quarterly, Rockland Lit, Mascara Literary Review, Muse India, IndiaCurrents, TimesCrest, Coldnoon* and in various anthologies. Jessica also hosts talks on the writing life and runs creative writing workshops in India and abroad. She has an MA in creative writing from Kingston University, UK. Her poem 'Deep Blue' was first published in Issue 65 of *Muse India* in January 2016. (jessicafaleiro.wordpress.com)

Nuair a Shéideann an Ghaoth

Nuair a shéideann an ghaoth
    corraítear mo chroí le póga
       thart ar mo chluasa, éadrom mar eití
    agus tarraingt thréan
ar chiumhais mo chasóige.

Bolaímse teacht na stoirme.

Buaileann mo chroí níos tapúla
  le teann eagla
   agus sceitimíní
     faoina bhfuil ar na bacáin.

Níl tús ná deireadh leis an streachailt seo
leis na dúile.
     Coinnithe ó dhoras seal
       ansin,
seo ag luascadh mé.

  Mo chos á cur i dtaca
     ag feitheamh
      in áit rith isteach
   le dul ar foscadh.

Fiú sula bhféachaim in airde sa spéir,
braithim an chorr éisc chorcra ar foluain.

Feicim á cosaint féin de rúid
  ar an gcéad chúpla braon báistí
  ambaiste!

A leannáin, conas taoi?

When The Wind Blows

When the wind blows
    it stirs my heart
        with feather-light kisses about my ears
    and a heavy-handed tug
on the edges of my coat.

I smell the storm coming.

My heart beats faster
    with fear
        and the excitement
            of something pending.

My tussle with the elements
is never-ending.

        For a time, kept at bay
          then,
 I sway.

      I dig my heels in
        waiting,
        instead of
    running inside for cover.

Even before I look up at the sky,

I can feel the purple heron hover.

 I see it diving for cover
      as the first drops start to swell . . .
        well!

Hello, lover.

Gorm Dorcha

Rugadh mé chun bualadh leis an spéir
chun tumadh in airde sna néalta
m'ainm a fhógairt os ard san fhirmimint
an trócaire ina liú ar an ngaoth.
Bhíos mór le stoirmeacha toirní
is thugas guth do na geiceonna.
Sheasas gan gíocs asam ar feadh meandair
is deineadh díom an crann is ársa sa chruinne.
Thumas i dteannta na bpéisteanna talún
is shásaíos mo ghoile le cré.
Thug an Domhan é sin go léir agus tuilleadh
thar n-ais dom.
Níl ach aon ní amháin eile le déanamh agam
agus is é sin
dul ar ais arís san aigéan.

Deep Blue

I was born to meet the sky
to dive upwards into clouds
to shout out my name from above
and howl mercy into the winds.
I befriended thunderstorms
and lent my voice to geckos.
I stood still for a moment
and became the world's oldest tree.
I dove in with the earthworms
and sated my appetite on dirt.
The Earth gave me all of this back
and more.
I only have one more thing to do
and that is
to sink back into the ocean.

Aang udkan nitodd, mon sottan nitodd.
As the body is cleansed by water, so is the mind purified by truth.
Uisce a ghlanann an cholainn, fírinne a ghlanann an aigne.

Konkani proverb

Joseph Furtado

(Furtadovaddo, 7 April 1872–Bombay 1 January 1947)

Joseph Furtado was an early South Asian poet and novelist who wrote in English, known as 'one of Goa's best poets'.
He worked for railway companies, as a draughtsman, agent, and chief engineer, moving between Goa, Bombay, Calcutta and Pune.

Furtado wrote in English, though his 1927 critical study of the work of Mariano Gracias, Floriano Barreto, Nascimento Mendonca and Paulino Dias also included, under the title 'Primeiros versos', nine poems which he had written in Portuguese.

While Furtado is best known as a rare early instance of an Indian writing poetry in dialect and pidgin, a practice less common in India than in West Africa or the Caribbean, such poems are rare among his nine volumes of verse.
Working within late-Victorian and Edwardian conventions, his work reveals a sense of humour, the treatment of a variety of topics, including the spiritual, and lively personae.

An Rún

Bláthaíonn tú chuile bhliain, a thamarain
Agus tagann na héin ghréine mar a tháinig fadó;
Tagann páistí aeracha gach lá, a thamarain
Ag rancás thart ort mar a dhein fadó;
Agus féach, gach uair sa lá
Le blianta anuas, mé ag feitheamh, a thamarain—
Ciúnas! Go dtí an deireadh atáim á rá;
Bhí sé sa chinniúint, a thamarain.
Tá an t-uabhar á chreimeadh, ar siad, a thamarain,
Is bhíodar gan trua, a thamarain;
Coinníonn tusa an rún anois, a thamarain.
Coinnigh é go nochtfar chuile rún,
Mar táimse anois ag dul chun suain, a thamarain,
Go gcloisfear an troimpéad ar fuaid na bhfuaid.

The Secret

Every year you blossom, tamarind,
And the sunbirds seek you as of old;
Every day gay children, tamarind,
Come to romp around you as of old;
And, lo, every hour of the day
All these years I've waited, tamarind—
Silence! silence to the last, I pray;
It was all so fated, tamarind.
Pride consumes him, said they, tamarind,
And no pity had they, tamarind;
You the secret keep now, tamarind,
Keep it till all secrets are made known,
For I go to sleep now, tamarind,
Till o'er all the trumpet's blown.

Via Sacra

Cladhairí is pleidhcí i gcomhcheilg tráth
Do líonfaidís mé le náire,
Is thosnaigh na cailleacha ag gol os ard
Nuair a chonaiceadar mo ghnúis fuilsmeartha,

Do chuala guth ón am fadó
Ag teacht ón duibheagán:
"A iníona Iarúsailéim, ná caoinigí mise,
Caoinigí sibh féin is bhur gclann."

Agus ina seasamh romham amach
Bhí an reilig agus cros ar gach uaigh:
Is pobal maith é an pobal seo
Is an stiúrthóir cóir gan ghruaim.

Ag Via Sacra is ea do labhair
An stiúrthóir cóir le cách
Is corraíodh croí an uile dhuine
Seachas an croí seo istigh im' lár.

Ag spochadh fé a bhíos-sa,
Mé féin i measc an tslua,
Níl amhras ina thaobh anois:
Is ag an Am a bhí an bua.

Via Sacra

When knaves and fools had once conspired
To load me with disgrace,
And some old women wept aloud
At seeing my blood-stained face,

A voice across the buried years
Cried out in accents deep:
"Ye daughters of Jerusalem,
Weep not o'er me, but weep

For yourselves and for your children!"
And right before me stood
The churchyard with each cross, the folk,
And the choir-master good.

At Via Sacra thus the good
Choir-master cried had he
And touched the heart of everyone—
Of everyone but me.

Nay, I had mocked him, I alone
Of all the reverent throng;
And, doubtless, in this wise at last
Had Time avenged the wrong.

Laxmanrao Sardessai

(1904–1986)

A teacher, writer, and freedom fighter, Laxmanrao Sardessai was imprisoned twice by the Portuguese during the struggle against colonial rule. After Goa's incorporation into India in 1961, he agitated for the continued separation of Goa from neighboring Maharashtra.

He spent several years working in the Konkani and Portuguese section of All India Radio, and promoted the use of Konkani as Goa's official language.

Best known for his prolific career as a writer, he produced over 700 stories in Marathi, while later in life he also wrote in Portuguese and Konkani.

translator D. A. Smith

D. A. Smithwas born in 1979 in Fredericksburg, Virginia. He holds BAs in Creative Writing (Sam Houston State University) and Chinese Studies (University of Houston), and has worked as copy editor for a variety of fiction and nonfiction books.

He has translated the collected poetry of Laxmanrao Sardessai under the title *Avante, Goeses, Avante!: The Portuguese Poetry of Laxmanrao Sardessai*, and translated Orlando da Costa's novel *O Signo da Ira* from Portuguese as *The Sign of Wrath*. He lives in Houston, Texas, with his wife, cats, and books, and can be reached at dasmith@freeshell.org.

Cé hé féin?

—Cé hé féin, athraíonn páirtithe
  Mar a athraíonn caimileon a dhath, grabhróga aráin
  Á lorg aige ó na rialaitheoirí
  Agus é ag seanmóireacht faoina bhfuil i ndán do Goa?
—Tírghráthóir é an rógaire sin!

—Cé hé féin
  Agus cuma gheilitíneach air,
  In airde ansin i gcónaí
  Ar nós Gobharnóra ón am atá thart,
  Agus súp á bhaint ag a anam
  As brocamas na gcarn aoiligh,
  É beo ar bhuanna a pháirtí,
  An pobal a scanraíonn é á sheachaint aige de shíor?
—Polaiteoir tírghrách é siúd!

—Cé hé siúd, é ag caint ar an sóisialachas,
  Ag teacht i dtír ar na hoibrithe sna mianaigh aige
  Agus a thuilleann in aon lá amháin
  Níos mó ná mar a thuilleann na hoibrithe go léir in aghaidh na bliana?
—Is sóisialaí é siúd!

—Cé hé siúd agus é ag caint ar shaoltacht
  Agus é lán de ghothaí
  A mhaslaíonn
  A dheartháireacha Críostaí?
—Daonlathaí saolta é siúd!

—Cé hé siúd agus é ag caint
  Leis an bpobal is leis na gnáthdhaoine
  Nach bhféachann riamh orthu
  Agus a chaitheann a chuid ama i mbun siamsaíochta le toscaireachtaí?
—Ceannasaí an pháirtí é siúd, a léitheoir!

—Cé hé siúd, an t-ainbhiosán,
  Ag spraoi le paisin pholaitíochta,
  Is le pobaldachas fiú is córas na sainaicmí,
  Is fanaiceacht chreidimh,
  Agus a íslíonn a mhuintir féin?

—Sin é an tabharthóir is mó atá agat, a chara,
  Agus le himeascadh is gearr go mbronnfaidh sé
  Na flaithis orainn!

Who is That?

—Who is that, changing parties
  Like a chameleon changes color, begging
  The rulers for breadcrumbs
  And philosophizing about Goa's destiny?
—That scoundrel is a patriot!

—Who is that, with
  A gelatinous expression,
  Always hanging over us
  Like a Governor from the old days,
  While his spirit delights
  In the filth of dung heaps,
  And who subsists on his party's glories
  And always fears and avoids the people?
—That is a patriotic politician!

—Who is that, who speaks of socialism
  And exploits those who work in his mines
  And earns, in one day,
  More than all the workers do in a year?
—That is a socialist!

—Who is that, who speaks and gestures
  When dealing with secularism
  And throws buckets of insults
  Over his Christian brothers?
—That is a secular democrat!

—Who is that, who while speaking to
  The people and the masses
  Never looks at them
  And spends his time entertaining delegations?
—That is your party's chief, reader!

—Who is that, who, being ignorant,
  In politics plays with passions,
  And even communalism and the caste system,
  And religious fanaticism,
  And degrades his people?

—That, friend, is your greatest benefactor
  And with integration, he will soon
  Be the bearer of paradise!

Ar aghaidh, a mhuintir Goa, ar aghaidh!

Ar aghaidh, a mhuintir Goa, ar aghaidh!
Mar ní fada uainn
Cath na cinniúna.
Ar bhur dtaobhna tá
An Fhírinne agus an Ceart,
Onóir agus Dínit
Agus, ar an taobh eile,
Uaillmhian na cumhachta
An tsaint lofa
Tarcaisní gan áireamh,
Bréaga is camastaíl
Feall agus uisce faoi thalamh.
Troid idir dhá phrionsabal atá ann
Prionsabal na maitheasa
Agus prionsabal an oilc.
Oraibhse a bheidh an bua ag brath
Sa chath sin, cath a brúdh
Ar an bpobal séimh
In ainm an Daonlathais
Atá ag fáil bháis inár measc.
Gan fiacail a chur ann, is í an cheist ná:
Cad atá uaibh?
Bheith beo ar bhur dtalamh féin.
A Dhia na bhFeart, cén ainnise a chuir
An Daonlathas in bhur dtreo?!
Bheith beo nó marbh?
Bás cinnte a bheadh ann pobal amháin
A chomhleá sa phobal eile.
I gcaitheamh na gcianta
Bhí meas agaibh ar onóir is ar dhínit.
Fógraíonn an domhan mór
Gur pobal ar leith sibh.
Ní ghlanfar de dhroim an domhain seo
Ná ní scriosfar
Bhur dteanga is bhur nósanna

Onward, Goans, onward!

Onward, Goans, onward!
For the battle that will
Decide your fate is near.
On your side are
Truth and Justice,
Honor and Dignity
And, on the other side,
The ambition of power,
Vile cupidity,
Countless indignities,
Lies and duplicity,
Treachery and machination.
It is the fight between two principles,
The principle of good
And the principle of evil.
Victory depends upon you
In that battle, forced
Upon your peaceful people
In the name of Democracy
Which is dying among us.
Put nakedly, the question is this:
What do you want?
To live on your own land
Or be cast into the sea?
Dear God, into what misery
Has Democracy cast you!?
To live or die?
To dissolve one people into the
Heterogeneous mass of the other is certain death.
Throughout your long history, you
Have valued honor and dignity.
The world proclaims
That you are a distinct people.
Your language and your customs

Bhur meon
Is bhur gcultúr
Bhur ndaonnacht
Is bhur n-intleacht
Choíche ná go deo!
Fúibhse atá sé, a mhuintir Goa,
Cur in aghaidh na bagartha,
Dearmad a dhéanamh—
Ar son ghrá an réitigh—
Ar scliúchais agus ar ábhar fuatha,
Ar gach baothnós a lagaíonn sibh;
D'fhonn a chruthú go bhfuil páirtí aonair agaibh
Páirtí Goa, aontaithe agus saor,
Caithigí uaibh, a mhuintir Goa,
Na difríochtaí eadraibh atá ina gcnámh spairne,
Na huaillmhianta suaracha a chothaíonn sibh
Fad is atá an pobal tarraingthe go himeall na haibhéise!
Cuireann sibh siamsaíocht shuarach
Ar fáil daoibh féin
Agus an namhaid ag iarraidh
Satailt oraibh, dusta a dhéanamh díbh,
Faillí choiriúil déanta agaibh
Agus ranganna an namhad
Ag teannadh oraibh
Chun troid in bhur gcoinne.
A chairde! Caithigí díbh gan mhoill
An spadántacht is an chodlatacht!
Beirigí barróg orthu siúd atá bocht gan foghlaim.
Ullmhaígí chun troda iad
Le híobairtí.
Bíodh teachtaireacht an chogaidh le clos
I ngach teaghlach—

Your temperament
And your culture,
Your humanity,
And your intellect
Will not be
Erased or removed
From the face of the earth.
No! No!
It is up to you, Goans,
To repel the threat,
To forget, for the love
Of your forefathers,
Your quarrels and hatreds
And the vanities that undermine you,
To prove that Goans have a single party,
The party of a Goa unified and free,
Throw to the wind
The differences that divide you,
The petty ambitions you feed
As the people are dragged toward the abyss!
You entertain yourselves
With miserable parties
As the enemy seeks
To trample you, to reduce you to dust,
Such criminal neglect on your part
As the enemy's ranks
Close in
To make battle.
Friends! Shake off, without delay,
Your lethargy and drowsiness!
Embrace the unlearned and the poor.
Prepare them with sacrifices
For the fight.
Take to every home
The message of war—

Cogadh in aghaidh saint chun cumhachta!
Íobraígí an uile ní
Chun an talamh a shábháil
Talamh na sean
Agus talamh bhur bpáistí!
Talamh atá i mbaol
Agus is oraibh féin
An locht.
Ar aghaidh, a mhuintir Goa, ar aghaidh,
Is linne a bheidh an lá.

War against the ambitions of power!
Sacrifice everything
To save the land,
The land of your fathers
and of your children!
Land that is
In imminent danger
Through your own fault.
Onward, Goans, onward
And victory will be yours!

Seanaois

—Tá tú dulta in aois, a chara
—Ní déarfainn é. Tá an trí scór agam, sea
—Níl sé sin sean mar sin?
—Níl, táim chomh húr leis an bhféar
Agus lán de ghus mar chrann pailme
Lonraím ar nós na gréine
Is táim chomh héadrom leis an ngaoth
Baineann dóchas an mhaidneachain liom
Agus idéal na haislinge
Mé chomh glé le scairdeán uisce
Is chomh tréan le sliabh
Baineann séimhe an naoimh liom
Agus faghairt na tintrí
—Ach cad as do na tréithe iontacha sin?
—Ó do chineáltachtsa, a chara
Agus ón ngean ollmhór atá ag na mílte orm
Tú féin ina measc.

My Old Age

—You're old, friend
—I doubt it. But I am sixty, yes
—That's not enough to be old?
—No! I'm fresh as grass
And vigorous as a palm tree
I glow like the sun
And I'm light as the wind
I have the hope of the dawn
And the dream's ideal
I'm as clear as a fountain
and solid as a mountain
I have the gentleness of a saint
And a lightning bolt's fire
—But where do those rare gifts come from?
—From your kindness, friend,
And from the vast affection
That, just like you, thousands give me.

Leonor Rangel-Ribeiro

(1913–2001)

Leonor Rangel-Ribeiro was born into a literary family in 1913 in the North Goa village of Porvorim. Fluent in Portuguese, English, Konkani, and later Hindi and Spanish, she gave up a career overseas to return to Goa, dedicating her life to social causes, especially women's rural welfare in Goa, and education at all levels. Three of the poems reproduced here speak of the sadness of unrequited love; 'Goa' speaks of the abiding love she nurtured for her motherland.

translator Victor Rangel-Ribeiro

Victor Rangel-Ribeiro has lived in Goa, Bombay and Calcutta, where he worked as a journalist and editor. He earned his B.A. from Bombay University and his M.A. from Columbia University. Since then he has lived in the United States. His varied professional career includes working on a freelance basis for Fairleigh Dickinson University Press as well as teaching in both public and private New York schools. Victor is the former music director of the Beethoven Society of New York and the author of several books on music, besides novels like *Tivolem*.

Goa

Tá ríméad orm!
Den chéad uair riamh i mo shaol
Níl eagla orm go ndéanfaidh an ríméad
Feall orm.
Táim mar chuid de na bláthanna léana,
Den ghaoth a lúbann na crainn théagartha
Gan na héin a ghortú,
De na haibhneacha ar imeall na ngort
Ina snáthanna airgid.
An comhcheol seo go léir
An grá diaga seo is Goa ann,
Sin mise!
Agus lá éigin i dtír i gcéin
Má thagann an bás faoi mo dhéin gan trócaire,
Fillfeadsa ar Goa,
Ar sciatháin na gaoithe,
Mura mbím ach im' dhusta.

Goa

I am happy!
For the first time in my life
I am not afraid that happiness
Will betray me.
I am one with the wildflowers,
With the wind that bends mighty trees
But leaves birds unscathed,
With the rivers that edge our fields
With threads of silver.
All this harmonious blend of divine love
That is Goa, that am I!
And if one day, in some distant land,
Death should cull me without mercy,
I will return to the land of Goa,
Fly back on the wings of the wind,
Even as dust.

Tiocfaidh Sé Lá Éigin

Ná caoin
Munar léir duit fáth na ndeor.
Bain as d'anam gach seachmall
Is fan, mar a fhanann an crann acaicia,
A ghéaga loma á n-ardú aige chun na bhflaitheas.

Tiocfaidh sé lá éigin
Agus cuirfidh grian a láithreachta
Do chroíse faoi bhláth,
Á ghléasadh i ndathanna spleodracha
Ar nós an acaicia sa samhradh

[Porvorim, 19 Bealtaine, 1.30.am)

164

Do not weep

Do not weep if you do not even know
Why your tears flow.
Strip your soul of all illusions
And wait, even as the acacia waits
With bare arms lifted up to Heaven.

One day he will come
And the warmth of his presence
Will cause your heart to flower,
Dressing it in vibrant colours
Like the acacia in summer.

[Porvorim, 19 May, 1.30.am)

Fean na dTaibhreamh

D'osclaíos go mall é is níor chreideas
gur domsa a bhí,
fean na dtaibhreamh.

Níor d'eabhar é
Ach de lása dubh mín,
Is ag lonrú ann bhí
Splancacha óir a chuir na réaltaí
Trí thine i m'oíchese ollmhór dhorcha.

Is i ndeireadh na dála, ní domsa a bhí.

The Fan of My Dreams

I unfurled it slowly and did not believe
It was meant for me,
This fan of my dreams.

It was made not of ivory
But of the finest black lace,
And shimmering within it were
Sparks of gold that set stars alight
In my night so immense and dark.

And at the end of it all, it was not meant for me.

Madhav Borcar

Madhav Borcar is the recipient of the 2001 Sahitya Academy award for his poetry collection, *Yaman.* He received it the second time in 2004—a translation award—for *Ekshem Ek Kavita.*
He worked as a professor of Konkani language for more than a decade and also had a long stint with All India radio for a series of posts. He retired as Deputy Director of AIR Panaji.

Tusa

Ní foláir nó go bhfuil tú
Ag smaoineamh orm
Ag breathnú ar ghealach lán an earraigh
Léi féin sa spéir.

Ní foláir nó gur ag feitheamh liom ataoi
Laindéar d'anama
Ar lasadh
Ar thairseach do chroí.

You

(Tun)

You must be
remembering me
looking at the spring's full moon
all alone in the sky.

You must be waiting for me
burning
the lamp of your soul
on your heart's threshold.

(Translated by the author)

Manohar Sardessai

(1913–2001)

Manohar Sardessai earned his Docteur des Lettres Françaises for his thesis *L'Image de l'Inde en France*.

Notable collections of poetry include: *Ayj re dholar podli bodi* (1961), *Goema tujya mogakhatir* (1964), *Jayat jage* (1964), *Jay punnyabhui, jai Bharat* (1965), *Bebyachem kazar* (1965), *Jayo juyo* (1970) and *Pisollim* (1979). He published several works of prose, drama and children's literature, and translated many works from French into Konkani.
He produced the *Konkani-English Dictionary* in 2004, and was the Chief Editor of the four-volume *Konkani Encyclopaedia* published by Goa University.

The French Government honored him in 1988 with the title *Chevalier de L'Ordre des Palmes Academiques*. Dr. Sardesai won many awards, most notably from the Sahitya Akademi for *Pisollim*.

translator Edith Noronha Melo Furtado

Edith Noronha Melo Furtado retired as Head of the Department of French and Francophone Studies, Goa University. She has a PhD on the Francophone women writers of Quebec (Canada). She has to her credit research on French, Portuguese, and Goan literature and culture, and has contributed papers to international conferences in these subject areas. The French Government honoured her with the *Palmes Academiques* for her contribution to the promotion of French language and culture in Goa.

translator Ameeta Agshikar

Ameeta Agshikar has a Masters degree in French from Bombay University and has had a long teaching career in French at Dhempe College, Panaji. She was also actively involved in the teaching programmes of Alliance Française in Goa.

Mo Bhriatharsa

Mo bhriatharsa, grán ríse beirithe
Blasta ach trom
É mo bhriatharsa, seachthoradh súmhar
Milis ach garbh

Frása liom, cachtas deilgneach
Dealga amuigh, sú istigh
Casta, fada,
Ag giosáil in ola

Mo bhriatharsa, blaosc chnó cócó á dó
Mo bhriatharsa, pléasc ghunna
Mo bhriatharsa, triacla fionnuar
Eas Arvalem is é ag búiríl

Mo ghrása, péacán bog banana
Mo bhriatharsa, péacán an bhainiain
Carraigeacha á smiotadh, uisce báistí á ól
An comhar á íoc leis an domhan.

My Word

My word, a grain of boiled rice
Tasty but heavy
My word, a juicy jackfruit
Sweet but coarse

My phrase, a thorny cactus
Thorny outside, juicy within
Twisted and long
Sizzling in oil

My word, a burning coconut shell
My word, a gunshot
My word, the cool treacle
Of the roaring Arvalem falls

My love, a tender banana shoot
My word, a shoot of the banyan tree
Breaking rocks, drinking the rain water
Gives back to the earth what it owes.

Mo Ghoa-sa

Is geall le brídeog í mo Ghoa-sa
Bráisléid ghlasa ar a géaga
Oíche ghormghlas réaltógach
É mo Ghoa-sa

Is geall le leanbh é mo Ghoa-sa
Is é suite in ucht na gcnoc
Bachlóg mogra é
Ar chraobh na mara

Is pictiúr é Goa
Ar dhath an tuair cheatha
Brionglóid é Goa
Is cuimhní fite tríthi

Seomra oscailte Kuber
Lán de dhiamaint é Goa
Tóirse ar lasadh é
A chomórann bua na beatha

Coiscéim bheag é Goa
Ar chosán an domhain
Is ceol é
A bhfuil rithim chosmach á lorg aige

Sé is Goa ann ná an phailm atá fréamhaithe
Im' chroíse á santú agam go séimh
Maoin mhór é Goa
Luach saothair na ndea-ghníomhartha go léir

My Goa

My Goa is like a bride
Green[1] bangles[2] in her arms
An azure starry night
Is my Goa

My Goa is like a child
In the lap of the hills
My Goa is a mogra[3] bud
On the branch of the sea

Goa is a picture
The colour of the rainbow
Goa is a dream
Woven with memories

Goa is Kuber's[4]
Diamond-laden open room
Goa is the burning torch
Of life's victory

Goa is a tiny footstep
On the earth's pathway
Goa is music
Seeking the cosmic rhythm

Goa is a gentle longing
For the palms[5] rooted in my heart
Goa is the great wealth
The reward of my lives' good deeds[6]

---

1. 'Green' (*panchvea*) It may have derived from *pachu* (emrald).
   The plural form *pachvo* may have given *panchvea* (Ameeta Agshikar)
2. Bangles (*chuddo*), a set of five green bangles worn by the bride
3. *Mogra*—jasmine. A white flower with a soft fragrance
4. Kuber—God of wealth
5. Palms—(*Kavthe*) refer to the tender newly planted coconut tree
6. 'Lives' refers to *punnya*, that is, one's good deeds done over a lifetime.
   In Hindu belief, there is a reward for the accumulated good deeds
   of the individual after many rebirths.

Nuair a tháinig an bord

Tháinig an bord,
I dteannta an bhoird, tháinig an ghloine, tháinig an cupán
Tháinig an scian, tháinig an spúnóg, tháinig an forc
Tháinig an pláta
Deireadh le suí is éirí
Tháinig an bord, i dteannta an bhoird, an chathaoir
Tháinig an chathaoir, deireadh leis an stól, áilleacht an Rangoli,
Deireadh le suí an táilliúra, deireadh leis an seál
Deireadh leis an mbréid gabhail, leis an snáth, leis an éadach deasghnách,

Deireadh leis an bpláta duilleoige, uisce á spraeáil timpeall,
An scaraoid bhán, an cupán deasghnách, na cúig dúile
Deireadh leis an spúnóg dheasghnách, an clog, an 'tikkli'
An marc dearg ar an gclár éadain, an mantra
an marc bán, an 'pranayam', an luaithreach bheannaithe
Deireadh leis an taos santail.
Tháinig an bord, tháinig an chathaoir
Tháinig na bróga, leis an gculaith éadaigh
Tháinig an bruscar ó gach áit
Tháinig an léine, tháinig an carbhat
Deireadh le ní na gcos is na lámh
Deireadh leis an aghaidh a ní, na fiacla
Tar isteach, suigh, tar isteach, ith
Sábhálann sé am agus airgead
Tháinig an bord, deireadh leis an gcanji, mangó amh
Ruainne cnó cócó
Tháinig an bord, tháinig an tae, an caife
Tháinig an t-arán, an t-im, an t-anraith
Deireadh le cumhracht túise, solas ón lampa ola,
Cad a cailleadh, cad a baineadh amach?
Cad a baineadh amach, cad a cailleadh?
Tháinig an bord, an bord, an bord . . .

When the table came
[Mez Ailem]

Came the table,
Along with the table, came the glass, came the cup
Came the knife, came the spoon, came the fork
Came the plate
No more sitting and rising
Came the table, with the table, the chair
Came the chair, exit the stool, the beauty of the Rangoli
No more sitting cross-legged, no more shawl
No more loin cloth, no thread around, no ceremonial drape,
Gone is the leaf plate, the water sprinkling around,
The white cloth, the ritual cup, the five elements
Gone is the ritual spoon, the bell, the 'tikkli'
The red mark on the forehead, the mantra
The white mark, the 'pranayam', the holy ash
Gone is the sandalwood paste.
Came the table, came the chair
Came the shoes, with the suit
Came the garbage from all around
Came the shirt, came the tie
No washing of feet, of hands
No washing the face, the teeth
Enter, sit, enter, eat
Saves time, profits
Came the table, exit the canji, the raw mango
The coconut bit
Came the table, came the tea, the coffee
Came the bread, the butter, the soup
Gone the fragrance of the incense stick, the light of the oil lamp
How much lost, how much gained?
How much gained, how much lost?
Came the table, the table, the table . . .

An tOchtú Lá Déag
de Mhí an Mheithimh

Tá fuil déanta den uisce féin
Fuil fiuchaidh
A dheartháir, an cuimhin leat
An t-ochtú lá déag de mhí an Mheithimh?

Chrith ballaí gruama an phríosúin
Le dóchas nua
Ghabh creathán trí bhratach dhiabhlaí
An tíoránaigh, nuair ba léir
Go stróicfí ina ribíní í
Ag an ngála buile
A dheartháir, an cuimhin leat
An t-ochtú la déag de mhí an Mheithimh??

An Mháirt a bhí ann
Is é ag clagarnach báistí
Bhí páiste Gavddi
Ar crith is ag caoineadh
Faoin gcrann mangó.

Nocht an fear iarainn
As cén áit n'fheadair éinne
Is bhúir mar leon
A chuir crith cos is lámh orainn
Óg is aosta ag rith amach
As cén áit, n'fheadair éinne
Caora tine ag léim
As canóin an tíoránaigh
Léirscrios is ár
Teas sa chré
Ón doirteadh fola
A dheartháir, an cuimhin leat
An t-ochtú lá déag de mhí an Mheithimh?

The Eighteenth of June
[Atara Jun]

Water itself had turned to blood
Boiling blood
Brother, do you remember
The 18th of June?

The mournful prison walls
Quivered with a new hope
The oppressor's evil banner
Trembled, realized
It would be torn apart
Swept by the raging wind
Brother, do you remember
The 18th of June?

It was a Tuesday
The rain came down heavily
The Gavddi's child
Shivered and cried
Under the mango tree.

The iron man appeared
From where, no one knows
At his lion's roar
We shuddered
Young and old rushed forth
From where, no one knows
Fire balls darted
From the oppressor's cannon
The killing of humanity
Our soil, heated
By the bloodshed
Brother, do you remember
The 18th of June?

Bhí lá na Fuascailte tagtha
Dhúisigh an duine, d'éirigh
Scaoileadh na slabhraí
A dheartháir, an cuimhin leat
An t-ochtú lá déag de mhí an Mheithimh?

Is iomaí ochtú la déag de mhí an Mheithimh
Tagtha is imithe
Tá páiste Kunbi fós ar crith
Faoin gcrann mangó
Ag briseadh tríd an spéir
Na néalta á dtolladh aici, glór toirní
Splanc thréan thintrí
Stoirm bháistí a scuabann gach rud roimpi
Go dtaga an t-ochtú lá déag de mhí an Mheithimh athuair!
A dheartháir, an cuimhin leat?
Cuireann cuimhne ar an lá úd
Mo chroí ag preabarnach i gcónaí
A dheartháir, an cuimhin leat
An t-ochtú lá déag de mhí an Mheithimh?

The day of Liberation has dawned
Man awoke, rose up
Shackles came apart
Brother, do you remember
The 18th of June?

Many 18th Junes
Have come and gone
The Kunbi's child still shivers
Under the mango tree
Breaking through the sky
Piercing through the clouds, thundering
The mighty lightning flashing
Like a rainstorm, hurtling, sweeping,
Let 18th June come again!

Brother, do you remember?
The memory of that day
Still sets my heart afire
Brother, do you remember
The 18th of June?

Brother, do you remember?
The memory of that day
Still sets my heart afire
Brother, do you remember
The 18th of June?

[Translated from Konkani by Edith Noronha Melo Furtado]

Ó, a Namhaid Liom

Ní raghad ar mo ghlúine go deo duit
A Namhaid liom.
Cas do shúile
Cuir na gunnaí móra ag búiríl
Ní chaillífear mo shéalasa.

Féach ar mo chuid gort is úllord
Na céachtaí agus an bhólacht
Féach ar an mbia, an tinteán, na huirlisí.

Ceangail mo chosa más mian leat
Cuir glas béil orm fiú
Más mian leat mo cholainn a shábhadh
Beidh ort é a dhéanamh is mé i mo sheasamh
Mar ní umhlóinnse choíche dhuit.

A Thíoránaigh, ní chloisfidh tú achainí uaimse.
Mo shaol ar fad í mo Thírse
Cén fáth a mbeadh eagla orm í a shaoradh?

Cé a chuirfeadh damba ar abhainn ag tuile?
Cé a mhúchfadh dóiteán foraoise?
Tá ina lá. An spéir dearg
Tá Goa ina dhúiseacht; ní chodlóidh NÍOS MÓ . . .

O My Enemy
[Tujya Mukhar]

Never shall I kneel down before you
O my Enemy.
You may roll your eyes
Your cannons may roar
But my seal won't die.

Here are my fields and my orchards
Here are my ploughs and my cattle
Here my food, my hearth, my utensils.

You may bind my feet as you please
You may gag my mouth as you will
If you wish to saw my body
You will have to saw me erect
For I shall never bow down before you.

O Tyrant, I shall never supplicate you
This Land of mine is my very Life
Why should I be afraid to liberate it?

Who will ever dam a flooded river?
Who will ever extinguish the forest fire?
The day has dawned. The sky is red
Goa is awake; it will sleep NO MORE . . .

(Translated by the author)

Xitam aslear bhutam zaitim.
If there is ample food, the devils are in plenty.
[Flatterers and false friends flock around an opulent man].
San áit a mbíonn bia bíonn deamhain ina mílte.

Konkani proverb

Manohar Shetty

Manohar Shetty's new book is *Full Disclosure: New and Collected Poems (1981-2017)* published by Speaking Tiger. His work is featured in several anthologies including *The Oxford India Anthology of Twelve Modern Indian Poets* edited by Arvind Krishna Mehrotra. In the UK his poems have appeared in *London Magazine, Poetry Review* and *Poetry Wales* and in the US in *The Common, The Baffler* and *Shenandoah,* among other journals. He has edited *Ferry Crossing: Short Stories from Goa* (Penguin India).

Gailearaí Miandóireachta, Goa

Sinne na dearthóirí
Tírdhreacha avant-garde
A fhágfaidh inár ndiaidh
Pailéad de locháin dhearga,
Ithir úr-réabtha
Snoite ina cnoic loma
Is ina n-ailteanna gealaí—baile
Do thaiscéalaithe cróga is iad sa tóir
Ar bheagán glaise,
Bláth aonair, cleite
Iontaisithe agus, deirtear, foinse
Abhann ón miotaseolaíocht
A raibh éisc inti tráth ina gcuilithíní
Ag léim faoi loinnir na ré.

Mining Gallery, Goa

We're the avant-garde
Landscape designers
Leaving for posterity
A palette of red ponds,
Freshly dug earth
Sculpted into bald hills
And lunar ravines—home
To intrepid explorers in
Search of a touch of green,
A single flower, a fossilized
Feather and it's said the source
Of a mythical river that
Once rippled with fish
Leaping in the moonlight.

Cártaí Poist ó Shean-Goa

1
I gcré na cille atá colainn Naomh Xavier
Ach is úr fós í a shacraimint ar an teanga.
Is urramach an radharc ón Séipéal ar an gCnoc
Ar an gcathair is ar an abhainn
A bhí tráth ar maos le fuil.

2
Laistiar de bhallaí an chlochair chlabhstra
Is pléineáilte í aibíd na mban rialta bánghnúiseach.
Gnó ar dalladh ar siúl ag na stallaí faoin gcrann
Bainiain: maighdeana cré, hataí tuí,
Deochanna súilíneacha is coiscíní.

3
Faoina chasóg bhán muirníonn sagart
Paidrín, ag machnamh ar Leabhar na nOlagón.
Faoi íomhá chré-umha de Gandhi fógraíonn mangaire
Turasóireachta ionad na n-eiriceach nár dhein aithrí
In am is a dódh le linn na Cúistiúnachta.

4
Titeann scáil Eaglais Naomh Peadar sa Róimh
Ar chruinneachán Eaglais Naomh Cajetan, líníocht
Linbh d'éirí na gréine an t-oisteansóir.
Faoi leaca uaighe greanta ar an urlár
Tagraíonn íola scriosta do chreideamh eile.

5
Na faichí pioctha néata á dtéamh ag an iarnóin.
Buaileann cloig Ardeaglais Sé na Flaithis
Nó purgadóir; critheann altóra óir
Aithrígh na nglún brúite ag éirí,
Abhlanna caola ag cuimilt dá mbeola.

Postcards from Old Goa

1
St Xavier's body is dust to dust but
His sacrament is still fresh on the tongue.
The Chapel on the Mount commands
A reverent view of a city and river
That once churned with blood.

2
Behind the walls of the cloistered convent
Nuns adopt plain habits; they never blush.
Under a banyan tree stalls do brisk
Business in clay madonnas, straw hats,
Fizzy drinks, and contraceptives.

3
The priest in a white cassock fondles
A rosary, lost in the Book of Lamentations.
Under Gandhi's bronze image the tourist tout
Ordains the spot where heretics repented
Too late in the flames of the Inquisition.

4
The shadow of St Peter's in Rome falls
On the dome of St Cajetan, its monstrance
A child's drawing of the rising sun.
Below headstones engraved on the floor
Razed idols speak of another faith.

5
Afternoons heat up the immaculate lawns.
The bells of Sé Cathedral ring out
Heaven or purgatory; golden altars tremble
As penitents rise on bruised knees,
Wafer-thin hosts brushing their lips.

6

Easanálaíonn cillíní na manach móideanna
Geanmnaíochta i bhfothrach Naomh Agaistín.
Gearrann lánúineacha óga na spéaclaí gréine
Fíor na croise orthu féin sula dtiomáintear ar ais iad
Go dtí svuít mhí na meala.

6
The cells of monks breathe out vows
Of chastity in the ruins of St Augustine's.
Young couples in dark glasses cross
Themselves before they're driven
Back to their honeymoon suites.

Snaidhmeanna Pósta

Ag *'Bridal Creations'* aici, dearann Brenda
Gúnaí pósta, tiaraí, coimeádáin fáinní,
Cóirséid agus coinnle maisithe.
Breis is trí scór ach i mbláth míchlúiteach na maitheasa,
Bíonn comhairle i gcónaí aici don lánúin óg:
Sa chéad áit, ná dearmad na bannaí; agus, a óigfhir,
Ná seas ar an triopall lása brídeoige;
Glac go sollúnta leis an móid, ach tabhair rabhadh
Don mháistir sláintí gan dul thar fóir
Le manglaim ná le scéalta grinn risqué;
Agus an tAthair Pinto, tá's agat,
An dia ceannais, d'fhéadfadh sé siúd
Dul ar aghaidh is ar aghaidh le dea-chomhairle,
An chonair chúng a shiúl,
Meabhraím daoibh gur beannaithe í an chuing.
(Aisteach, nach ea, is gan eolas dá laghad acu féin
Ar an bpósadh).
Agus nuair a iompróidh tú
Thar tairseach isteach í, tóg breá réidh é,
Bí séimh (agus neosfaidh mé an fhírinne ghlan duit
Tá seisear dailtíní agam féin
Ní raghainn sa seans le modh na rithime . . .)

Éisteann an bhrídeog agus a céile,
A n-aghaidh iompaithe uaithi
Chomh naofa sin, chomh saonta.

Nuptial Knots

At her 'Bridal Creations', Brenda designs
Wedding gowns, tiaras, ring-holders,
Corsages and decorative candles.
Past sixty, but notorious in her prime,
She is free with tips to a young couple:
Firstly, don't forget the banns; and young man,
Don't step on that lacy white train;
Take your vows solemnly, but warn
The toastmaster to go easy
On the cocktails and risqué jokes;
And Father Pinto, you know,
The presiding deity, he can
Ramble on with his sage advice
To follow the straight and narrow,
To remind you your bond is sacred.
(Odd, isn't it, when they themselves
Know nothing of marriage.)
And when you cross that threshold
With her in your arms, take it slowly,
Be gentle (and let me tell you frankly
With six brats of my own
The rhythm method is too risky . . .)

The bride and groom listen,
Their faces turned away
All prim and innocent.

Féinithe ó Calangute

Seo mé le háilleagán uchtnocht
Fionn is í ag éirí
As an muir ina mainicín.
A cíocha guagach

Mar liathróidí trá. Duine eile
Ar a bolg, atá mar chlár boird,
Laistiar dem' chomhartha V,
A cíochbheart ag éirí aníos.

Méar láir léi anois
Ag díriú ar na flaithis, drochmheas
Aici ar do shracfhéachaintí drúisiúla,
Bríste gearr, spéaclaí imire.

Faoin bparasól trá
Díreach ansin atá an suathaire
Ádhmhar is ról eile aige
Mar leannán ar íocaíocht, ungthaí

Á bhfuineadh aige ina guaillí,
An taobh istigh dá ceathrúna is caol
A droma go n-éalaíonn osna uaithi
Ar nós na taoide cúraí.

Seo mé arís is todóg thiubh agam
Ó Chúba, buachaill bó
faoi shoimbréaró, m'fhiacla
mar eochracha mórphianó.

Sa bhfráma chomh maith
Bean treibhe gona bráisléid phráis.
A blús breactha le spaglainní
Agus mise ann, dronuilleach.

Tá sé go léir ann le roinnt
Ar WhatsApp is Facebook
Go dtí an Nollaig seo chugainn
Anseo arís dúinn gan ár gcéile cóir.

Selfies from Calangute

Here I am posing with
A topless blonde rising
From the surf like a model.
Her breasts wobble like

Beach balls. Here's another
On her tabletop tummy
Behind my victory sign,
Her bra in bold relief.

Now her middle finger
Points to heaven as she
Scorns your leery glances,
Bermudas and tinted glasses.

Under the beach umbrella
Right there is that lucky
Masseur who doubles up
As a paid lover, kneading

Unguents into her shoulders,
Inner thighs and the small
Of her back till she sighs
Like the frothing tide.

Here I am again with a fat
Cuban cigar, a cowpoke
In a sombrero, my teeth
The keys of a grand piano.

And here's a tribal with brass
Bangles caught in the frame.
Her mirror-spangled blouse
Reflects me at the right angles.

It's all there to be shared on
WhatsApp and Facebook till,
Minus our far better halves,
We're back again next Christmas.

Lá na Marbh, Reilig N. Inez

Tá na hanamacha bogtha ar aghaidh,
Na colainneacha fós mar chuid
Den talamh. Raghaidh an ghrian síos
Uair nó dhó
Sula bhfeofaidh an rós is an lile.

Labhraíonn na leaca uaighe nite
Os cionn an tráchta ar an mbóthar
Monabhar faon i gcuimhne
Ar shaol a caitheadh go hiomlán
Nó a raibh deireadh obann brónach leis.

Tríd an bhféar méith
Scinceanna sa tóir ar fhéileacáin.
Préachán ag feitheamh sna sciatháin.
Ólann beach
As béal roiseoige.

Fiolar aonair ag trasnú na spéire
Deirtear i gcogar
Gur féinics é.

All Soul's Day, St Inez Cemetery

The souls have moved on,
The bodies still part
Of the ground. The roses
And lilies will fade in
Two sunsets or three.

Over the passing traffic
The washed gravestones
Speak through dimly
In memory of lives spent
Fully or ended sadly, swiftly.

Through the lush grass skinks
Hunt down butterflies.
A crow waits in the wings.
A bee drinks from
The mouth of a hibiscus.

A lone eagle crossing
The skies is whispered
To be a phoenix.

Undrachea ragan ghorak uzo lailo.
To punish the mouse, he burnt the whole house.
Chun ceacht a mhúineadh don luch, dhóigh sé an tigh go talamh.

Konkani proverb

Milanie Silgardo

Melanie Silgardo was born and educated in Bombay and worked in publishing as an editor in Bombay and London. Her poems are included in *Three Poets* (Newground, 1978) and *Skies of Design* (1985) which was awarded the Best First Book Commonwealth Poetry Prize, Asian Section in the same year. Her work is included in several anthologies of Indian poetry in English. Her most recent project was co-editing the anthology *These My Words: The Penguin Book of Indian Poetry* (2012) with Eunice de Souza whom she met as an undergraduate student at St Xavier's College, Bombay, and with whom she went on to have a long and enduring friendship. She was a co-founder, with Santan Rodrigues and Raul D'Gama Rose, of Newground, a Bombay-based poetry publishing house in the late 1970s early 1980s, best known for publishing first books of poems—those by Eunice de Souza (*Fix*, 1979), Saleem Peeradina (*First Offence*, 1980) and Manohar Shetty (*A Guarded Space*, 1981).

She lives in London and is working on a new manuscript of poems which she hopes to publish soon.

Ná hAbair Faic leis na Leanaí

Ní thig liom breith ort ar feadh i bhfad im' lámha
Ná sólás a thabhairt duit le suantraí fánach.
Is dual duit imeacht ar strae isteach i réimsí dorcha na gcrann ceilte.
Tagann sólás as eolas a chur ar na háiteanna sábháilte
Atá domhain, ar leith, thar na tránna
Is fraoch na farraige.
Tá sléibhte agat ar do chlár éadain
Agus crainn ghiúise ar bharr do mhéar.
Troideann tú leat féin in aghaidh scréach oíche
Na n-éan gan suan is cóir chosanta agat á réiteach mar sheacál i scáthchruth
An chnoic ollmhóir.

Níl faic agam le tairiscint duit
Ach línte na síoraíochta timpeall mo mhuiníl.
Ciorcail ama.
Ní haon sólás é bheith ag dul in aois.
Tá na sean ró-shean. Mar sin tá an mhóimint reoite agam.
An mhóimint shárluachmhar reoite go deo.
Ná hinis scéalta púcaí do na leanaí.
Inis an fhírinne dóibh mar gheall orthu,
Mar gur rugadh iad agus púcaí leabaithe
I bhfillteacha a gcnis.

Do Not Tell the Children

I cannot hold you in my hand for long
nor comfort you with vagrant lullabies.
Your nature is to stray into the dark realms
of the hidden trees.
Comfort comes from knowing the safe places
deep and separate, past the beaches
and the furious sea.
You balance mountains on your forehead
and pine trees on your finger tips.
Alone you fight the night screeches
of the sleepless birds and build your defences
like the jackal in the silhouette
of the enormous hill.

I have nothing to offer you
but an eternity of lines around my throat.
Circles of time.
There is no comfort in growing old.
The old are too old. So I have frozen the moment.
The precious moment is frozen forever.

Do not tell the children ghost stories.
Tell them the truth about ghosts,
for they were born with them embedded
in their folds.

Oidhreacht

Tá lorg mo mháthar gach áit
Smál deargtha ar ghrianghraf
Cóip charbóin de CV luath
Sa tarraiceán tá sreangán péarlaí
I scaif snaidhmthe
Is paidrín néamhainn ocsaídithe ag aer is lámha.
Ba mhaith liom a chreidiúint go raibh saol maith aici
Is mian liom gan cuimhneamh ar an ainnise
Ach seo aníos tríd an ngairbhéal ina bhfiaile iad
Ialus is caisearbhán—
Ceann acu imithe ina phuth, an ceann eile tíoránach

Crua clochach í an chré ar a huaigh
Dónn an samhradh aon ní is mian linn a fhás
Scriosann an monsún an uile ní, seachas fiailí is féar fiáin.
Is uaigh shealadach í. Is uaigh í.
Sealadach a bhí mo mháthair, m'athair níos sealadaí fós.
Ach fágfaimid ár lorg inár ndiaidh, mo gháirese
Ar nós gháire mo mháthar, srón m'athar, liom féin
Mo chuid filíochta. Neamhbhuaine amscaí, oidhreacht.

Legacy

My mother's marks are everywhere
The smudge of rouge on a photograph
A carbon copy of an early CV
In her drawer a knotted scarf holds
a broken string of pearls and
Her rosary, mother-of-pearl, bound
In silver, oxidised by air and touch.
I want to believe she had a good life
I want to not remember the hard times
But they push through the gravel like weeds
Bindweed and dandelion—
One gone in a puff, the other tyrannical.

The earth is hard and stony on her grave
Summer scorches what we try to grow
The monsoon purges everything, but weed and wild grass.
It is a temporary grave. It's a grave.
My mother was temporary, my father more so.
But we leave marks, my laugh is like my mother's,
My nose my father's, my poetry is my own.
A kind of awkward impermanence, a legacy.

Fad Géige

Nach deacair grá a thabhairt do na marbháin
Ón gcnámh go luaith go haer.
Gan a bheith i d'fhinné
Ar an bhféachaint dheireanach fháilí,
Dúil sa bheatha, an grá,
Na leabhair, na crainn.

Smaointe deireanacha, trína chéile, soiléir.
An croí, an dorn lag
Dóthain nirt fós ann
Don troid dheireanach.

Stair is ea fad géige.

The Length of an Arm

It is so difficult to love the dead people
From bone to ash to air.
Never to be there
to see the last furtive looks,
the longing for life, the love,
the books, the trees.

The last thoughts muddle and clear.
The heart, the dying fist
has just enough strength
for the last fight.

The length of an arm is history.

Paidir an Fhile

Lig dom filíocht a scríobh nach bhfuil fánach ná lán de chuspóir
Lig dom filíocht a scríobh is an mheadaracht mar bháisteach ag titim,
Boladh na cré a chruthú nuair nach bhfuil ann ach boladh aoiligh
Lig dom scríobh faoin ádh i riocht crua-bhlaosc na hainnise
Solas ceilte san eithne
Lig dom dromchlaí a scríobadh
Céim ar chéim an foilsiú
Lig dom suaimhneas a fháil ag feitheamh leis an nglasadóir,
An dlíodóir, an pluiméir,
Lig dom feitheamh gan ghearán gan mhasla mar tógadh an chathair seo
    ar fheitheamh fada fuar
Ná lig dom déistin a bheith orm má fheicim réama dearg ar an staighre
Ina áit sin bronn orm an bua sin a chuirfeadh i líne filíochta é

Poet's Prayer

Let me write poetry that is neither wayward nor full of purpose
Let me write poetry that scans like falling rain,
Let me conjure up the smell of earth even when I can smell only dung
Let me write of good fortune disguised by the hard shell of misery
Let its kernel be hidden light
Let me scrape at the surface of things
Revelations are incremental
Let me find peace while waiting for the locksmith, the lawyer, the plumber
Let me wait without complaint or reproach for this city is built
    on hours of waiting
Let me not be disgusted by the sight of red phlegm in the stairwell
Instead give me the talent to include it in a line of poetry

Nagesh Karmali

Renowned litterateur, freedom fighter, crusader for civic liberties, Nagesh Karmali had his first stirrings as a poet at the tender age of 15 in his village Quepem. In 1996, he joined the All India Radio, Panaji, and felt he was reborn when he chose to write in Konkani. He is the founder of the Konkani Bhasha Mandal, and the All India Konkani Parishad.

Karmali won the Sahitya Akademi Award for his collection of poems *Vanshalakullachem Dennem* in 1992.

translator Madhav Borcar

Madhav Borcar is the recipient of the 2001 Sahitya Academy award for his poetry collection, *Yaman*. He received it the second time in 2004—a translation award—for *Ekshem Ek Kavita*. He worked as a professor of Konkani language for more than a decade and also had a long stint wtih All India radio for a series of posts. He retired as Deputy Director of AIR Panaji.

An tArd

Nuair a chonac an spéir
Is barróg á breith aici
Ar na beanna
D'at mo chroí
Agus d'éalaigh m'aigne
Ó ghreim an tsuarachais.
Im' ghuaillí bhí
Neart is cumhacht
Míle capall
Is im' dhá dhorn
Tintreach na néalta.
Líonas mo shúile le hairde
Is le fairsinge na sléibhte
Is le doimhneacht na ngleann.
Bhris macallaí ó bhroinn an domhain
Istigh ionam.
Nuair a thuigeas ansin
Cé chomh mór is cé chomh beag, leis,
Is atá an duine
Thréig an 'féin' ionam
Mé agus bhíos
Gan a bheith ann
Sa chruinne shíoraí seo.
Nuair a bhuaileas
An nóta suthain sin
Ní rabhas in ann faic a rá
Le héinne
A chaithfeadh láib orm
Le drochmheas
Mar
Ba ghlaine ná riamh mé
Is mé aontaithe leis an infinid.

The Height
[Unchay]

When I saw
the sky embracing
the mountain peaks
my heart became enlarged
and my mind
escaped from the clutches
of pettiness.
My shoulders received
the strength and power
of a thousand horses
and in my fists
came the lightning of clouds.
I filled my eyes
with the height and
vastness of the mountains
and the depth of the valleys.
The echoes of the womb of the earth
broke deep within me.

Then realizing
how great and also how small
man is
My 'self' within
deserts me,
and I become existence-less
in this infinite universe.
When I strike
The note of the infinite
I can't say anything
to anybody
who tries to splash mud
on me with contempt
because
I have become clean as ever
in union with the infinite.

Níl brí le maithiúnas ann.
Níl teorainn le cúram a dhéanamh de dhaoine eile.
Níl áit ann don fhearg.
Níl cead isteach ag aon ní ann ach sonas is séan.

Sin an fáth a ndeirimse arís:
nuair a chonac na beanna
á muirniú ag an spéir
d'at mo chroí ar nós na firmiminte
is deineadh spéir díom féin
ar fud na síoraíochta.

There forgiveness loses its meaning.
There care for others has no limit.
There wrath has no place.
There anything except happiness
has no entry.

That's why I say again:
When I saw
sky embracing mountain peaks
my heart itself
enlarged sky-like
and I became a sky myself
encompassing infinity.

Kator re bhaji.
Chop the spinach.
[Be bold and speak your mind].
Gearr an spionáiste.

Konkani proverb

Namdev

(c. 1270–c. 1350)

A poet-saint from Maharashtra, India, Namdev is widely known for his
devotional songs set to music (bhajan-kirtans).
The literary works of Namdev were influenced by Vaishnava philosophy and
a belief in Vithoba.
His work is known for abhangas, a genre of hymn poetry in India.
Namdev's padas are not mere poems, but songs meant to be sung to music.

translator Nirmal Dass

Nirmal Dass currently resides in Toronto, Ontario. He holds a PhD in critical
theory and is the author of five books of verse in translation. These include:
The Avowing of King Arthur: A Modern Verse Translation; *Rebuilding Babel: The
Translations of W. H. Auden*; and *Songs of Kabir from the Adi Granth*, as well as a
book-length study of the philosophy and practice of translation.
He is known to root around in dead languages—the deader the better, in fact.

Buaileann an druma
gan drumacheann

Buaileann an druma gan drumacheann:
Búiríl scamall gan mhonsún,
Titeann báisteach gan néalta.
Cé a thuigfeadh an tomhas sin?

Bhuaileas le Rám na scéimhe
Agus táimse leis sciamhach.

Déantar luaidhe den órchloch
Ar shreang focal is smaointe cuirimse rúibíní luachmhara
Tháinig mé ar an bhfíorghrá; thréig amhras is eagla mé.
Thug briathra mo ghúrú sólás dom.

Líonfar an crúiscín a thumtar in uisce,
Sé Rám an tAon san uile ní.
Is aon iad croí an ghúrú is croí an deisceabail.
Is mar sin a fuair Namdeva, daor, léargas ar an bhFírinne.

The drum with
no drumhead beats

The drum with no drumhead beats;
clouds thunder without the monsoon;
rain falls without clouds.
Can anyone guess this riddle?

I have met Ram the beautiful,
and I too have become beautiful.

The philosopher's stone turns lead into gold;
costly rubies I string with my words and thoughts.
I discovered real love; doubts, fears have left me.
I found comfort in what my guru taught me.

A pitcher will fill when plunged in water,
so Ram is the One in all.
The guru's heart and the disciple's heart are one.
Thus has the slave Namdeva perceived Truth.

R. S. Bhaskar

R.S. Bhaskar is a Konkani language poet based in Kochi in Kerala. He has several collections of poems to his credit. He is also a recipient of Sahitya Akademi's Translation award.

translator R. S. Sriniwas

R. S. Sriniwas has translated more than 100 Konkani poems of R. S. Bhaskar into English, some of which have appeared in *Indian Literature*—the literary journal of Sahitya Akademi.
He has translated more than 30 textbooks for various courses and subjects for universities in Kerala, and the *Bhagavath Geetha* from English into Konkani.
The Traveller of the Transforming Times is his forthcoming English translation of poems by R. S. Bhaskar.

Boladh an Dúlra

Boladh cré
Ón mbáisteach
I mí Ashad

Boladh ríse
Ó na tonnta
I mí Bhadrapad

Boladh torthaí
Ón ngaoth
I mí Vaishak

Boladh an dóchais
Ó allas
An fheirmeora
I gcónaí.

The Smell of Nature
[Saimacho Vas]

In Ashad[1]
The rains
Smell of earth

In Bhadrapad[2]
The waves
Smell of paddy

In Vaishak[3]
The wind
Smells of fruits

The sweat
Of the farmer
Smells of hope
Always.

1, 2 and 3 are months per the Shaka era.

Ó! A dheartháir liom as Caismír

Ó! A dheartháir liom as Caismír,
Conas taoi, a deirimse,
Ní gearánta dhom, an freagra
Trí dheonú Dé, ní gearánta dhom mhuise
Focail chúirtéise
Ach tuigim cad is brí leo.

Níl éinne anseo nach eol dó
Gur suaite ataoi, a dheartháirín.
Tholl bior géar claímh
Croí na Caismíre
Agus tá bairille gunna dírithe ar do chlár éadain.
Cá bhfaighfeása sonas
Nó suaimhneas aigne, a dheartháirín.

Dúraís tráth
Gur cailleadh do dheirfiúr dhil.
Chuir caoirigh ar féarach, an créatúirín
Thit an oíche is níor tháinig sí.
Faoi sholas geal an lae
I ngleanntán aoibhinn ba léir duit
Corp do dheirféar, monuar.

Fuar marbh faoin sneachta
A cuid éadaigh scaipthe láimh léi
An salvar ina ghiobal
Ball éadaigh uachtarach stróicthe
Agus ciarsúr ar bháine an tsneachta.

Lá eile chuala tuilleadh scéalta mar gheall ort
Níos aite is níos aite fós:
Bhís as láthair
Nuair a ionsaíodh do thigh
Ionsaíodh do mháthair gheanmnaí

Oh! My brother from Kashmir [Kashmirantalya mhaja bhava]

Oh! My brother from Kashmir,
How are you, I asked.
I am all right, you told me
By the grace of God, I am quite all right.
Words of courtesy—
I know their inner meaning.

Who here doesn't know
You are ill-at-ease, my brother.
Into the heart of Kashmir
The sharpened tip of a sword has pierced
And in front of your forehead
The barrel of the gun is trained.
Where do you feel happiness—
Or peace of mind, my brother.

Once you said,
Your beloved sister you lost.
To graze the sheep she had gone, poor thing.
Night fell and she had not returned.
In daylight what you saw,
In the valley of your heavenly land
The corpse of your dear sister

Cold and numb buried in snow.
Scattered nearby her attire,
A salvar in shreds,
Torn upper garment,
Also a snow-white handkerchief.

Again one day I came to know
Strange and stranger your tidings all:
In your absence,
The assault on your home,
Loss of your mother's chastity

Do mháthair bhocht nár tháinig slán.
Deamhain dhanartha an fhuatha
Chrochadar i lúibín coille í ar chrann faoi bhláth.
Na cosa ceangailte
An ceann ar liobarna.

Uait féin a chuala mé
Gur éalaigh tú go cliste
I lochán fuar in aice láimhe
Tú i bhfolach ar feadh i bhfad
Ag análú trí ghas loiteoige
Suaite go mór.
Tuigimse is braithimse an eachtra sin
Is conas mar a tháinig tú slán.

An lá céanna úd, ó! A dheartháirín
Bhí Holi á cheiliúradh againne
Rinceamar
Is chanamar go haerach.
Púdar ar dhathanna an bhogha cheatha
Á smearadh againn ar a chéile
Agus púdar de ghlas geal.
Thumamar ann is shnámhamar go meidhreach
Holi na ndathanna na mire is na meisce.
Do cheiliúradhsa Holi áfach, a dheartháirín
I linnte fola a tharla.
In Anantnag
Bhí bairillí gunna ag bogadh thart.
Sruth craorag fola ann
An lá ar fad
Fuil the na n-ógánach.

And the snatching away of her very life.
With unabated hatred those cold-blooded monsters
Hung her body from the blooming bower of a flowering tree.
Legs tied above
Head hanging down.

I came to know from you
How cleverly you escaped
In the chilling pond nearby.
You hid yourself for a long time
Breathing through a lotus-stalk
With great uneasiness.
I am aware of the adventure you tasted
Managing to save your life.

On that very same day, oh! Brother
Here we celebrated the Holi festival
We danced
And we sang merrily.
Powders of rainbow hues
We smeared on each other
Red powder we smeared
Also the powder of bright green.
In the intoxicating merriment of colourful Holi
We dived and bathed ourselves.
Your Holi celebration alas! Brother
Was bathed in pools of blood.
In your Anantnag[1]
Gun barrels moved around a lot.
A red stream, filled with crimson blood,
Flowed unendingly that day.
A red river
Of youthful hot blood.

Deirfiúr
Ná máthair
Níl anois agat
Ná aisling.
Níl agatsa anois
Ach grian ar dhath na fola.
Níl agatsa anois
Ach solas na gealaí is fuil tríd.
Bláthanna fola
Torthaí fola.

Duitse mo chreach is crann fola é
An crann deodar.
Loch fola duitse é
Loch Dal.
Níl sna Shivaliks
Ach leicinn chnoic dhearga.
Níl sa Chaismír
Ach gleanntán craorag fola.
Agus féach ormsa do dheartháir truamhéalach
Is gan ar mo chumas teacht i gcabhair ort.

Now you have
Neither sister
Nor mother
Nor have you any dreams.
What you have now as your own
Is the blood-red sun.
What you have now as your own
Is blood-tainted moonlight.
Flowers of blood
Fruits of blood.

For you the deodar tree
Is sadly a tree of blood.
The Dal lake for you
Is virtually a lake of blood.
For you the Shivaliks
Are blood-smeared hillsides.
Kashmir for you has become
A valley of crimson human-blood.
And here I am your pathetic brother
Unable to come to your rescue.

1 In Anantnag, on the day of Holi in the year 2000 terrorists gunned
down 35 innocent villagers.

Ó, a Ghoa m'anama

Do chré dhearg
Ó! a Ghoa m'anama
Ghreamaigh go docht faoi mo chosa
Agus d'fhan go buan ann.

Nach méanar domsa,
Mhachnaíos agus
Le teann díograis
Scríobas díom is choinníos í.

Is milis séimh
An chuimhne atá agam ort
Is fanfaidh i m'aigne
Go deo na ndeor.

Péacann bachlóga
Ó am go a chéile
Nuair a thugaim faoina stoitheadh
Fásann arís iad na fréamhacha boga.

Oh! dear Goy
[Goy thuji]

Your red soil
Oh! Dear Goy
Has stuck firmly under my feet
And remained there permanently.

Unique is my fortune,
I thought and
With ardent desire
Scraped and kept it.

Soft and sweet is
My remembrance of you
That in my mind
Is embedded eternally.

Flower buds sprout
Every now and then
While trying to pluck them
Tender roots grow again.

Chorachea monant channecho dubav.
The thief mistrusts the moonlight.
[The guilty have no clear conscience and are suspicious of everything].
Bíonn an gadaí amhrasach faoi sholas na gealaí.

Konkani proverb

Ramesh Bhagvant Veluskar

A prolific Konkani writer, Ramesh Bhagvant Veluskar was a teacher of Hindi, Konkani and Marathi at St Andrew's High School, Goa Velha until he retired in 2002 to devote himself full time to writing. He has written poems, short stories, children's literature, novels and essays. He has also translated works from Sanskrit, Hindi, Marathi & English. He won the Sahitya award for his 1989 collection of poems, *Saulgori*.
The poems below are a selection from his collection *Zen Kavita* (2014). In their content, these miniature poems freeze a significant moment in time, even as they mimic the form of that moment. The poems retain the numbering in the original Konkani collection.

translator Augusto Pinto

Augusto Pinto is a book reviewer, translator (from Konkani to English) and lecturer in English.

translator Prof S. S. Kulkarni

Dr. S.S. Kulkarni was the former Head, Department of English, Goa University.

Deich nDán Zen

1.
Braonta báistí
Ata
Ar theagmhaigh an spéir leo
Seo ag rince anuas iad
Báite
Ar nós
Páistí dána

2.
Eitleog
Bheag bhídeach
Ag an mbuaic ghorm
An fhirmimint
Ar cóimheá aici ar a cabhail
Ar nós faic na fríde
Eitleog

3.
Catsúil
Á leá i gcatsúil
Cumhracht uaithi
Ar nós gáire . . .
Ar dhlaoithe deataigh
Ceangailte le gungrúnna*
Ina gcaise
Slogtha ag raga ornáideach

5.
An chéad uair
A theagmhaíos leat
Scuabadh
Chun siúil
Mé
Ar
Nós
Súnámaí

[* bráisléad rúitín ceolmhar ar rinceoir]

234

10 Zen Poems

1.
Tumid
Raindrops
Touched by the sky
Come dancing down
Drenched
Like
Impish children

2.
Kite
Minuscule
At the acme of the blue
Balancing
The firmament on its body
Like nothing
Kite

3.
Glance
Dissolved in glance
Exuding fragrance
Like a smile . . .
On ringlets of smoke
Bound with ghunghroos
And cascading into
An intricate raga

5.
Your
First
Touch
Carried
Me
Away
Like
A
Tsunami

7.

Déanann grágaíl
An phréacháin cá cá
An dorchadas
A scoilteadh
Roimh mhaidneachan

8.

Mhuirnigh
An spéirling mé
Istigh is amuigh
Agus
Ní raibh póir díom
Gan brí nua

9

Néalta ag spraoi
Agus ina gceann
Is ina gceann is ina gceann
Bhuail duilleoga na foraoise
A gcuid ciombal clingeach

11.

Ise
Nathair
Chomh haoibhinn
Le nóta
Taan*
Na fliúite
Casta
Meisciúil
Ríméadach
Mistiúil

[* teicníc amhránaíochta]

236

7.
The crow's
Croaked caw-caw
Cracks
The dark
Before dawn

8.
The tempest
Fondled me
Outside in
And
Every pore of mine
Was revitalized

9.
The clouds clowned
And leaf
After leaf after leaf
In the forest
Clanged clamoring cymbals.

11.
She
Serpent
Sublime
As the
Swara
Of a
Flute's
Intricate
Intoxicating
Ecstatic
Mystic
Taan

21.
Braon drúchta
Tréshoilseach
Athraonta isteach
Im mhóimintse

22.
D'fhiafraigh an spéir di féin,
"An
Beith
Mé
Nó
Neamhbheith?"

21.
A translucent
Dew drop
Refracts into
My moment

22.
The sky asked,
"Am
I
Being
Or
Non-being?"

An Domhan

Ómós síoraí di!
Tagann uisce na spéire anuas
Ar an domhan ina díle—
Ach coisceann sise é.

Múrtha ollmhóra,
Cathracha na dtithe spéire—
Iad go léir á bhfulaingt aici.

Uiscí fairsinge na n-aigéan,
Sléibhte arda óir—
Á gcoinneáil aici chomh maith.

Maidneachan is contráth ag teacht
Is ag imeacht nuair a chlingeann
Cloig a cuid teampall go séimh.

Is ann di leis
Chun sinn a mhuirniú ina baclainn
Agus sinn fá shuan go deo,
Bláthfhleasc an bháis orainn.

Ise amháin a spreagann mé le bheith im' phéacán,
Ise amháin mo thearmann deiridh gan teimheal—
Ár máthair, ár ndomhan!

Cad ab áil leat le déithe cré?
Cén fáth a mbeadh déithe cré uaim?
Déanfaidh ithir cúis.

Lán mara nirt
Sa lán mara nirt seo
Sa lán mara seo tá mianaigh shaibhre

240

The Earth
[Matee]

Deep obeisance to her!

On this earth
The rain water pours in torrents
But she stems it.

Massive walls,
Towering cities—
All she supports.

The wide expanse of ocean waters,
Huge mountains of gold—
She holds them too.

Dawn and dusk arrive and depart
At the tender biddings
of her temple bells.

She is there too
To cradle us in her lap
And we lie in eternal slumber
Wearing the garland of death.

She alone prompts me to sprout into a shoot,
She alone is my ultimate immaculate resort—
She who is mother earth!

Why hanker after clay gods?
Why should I hanker after clay gods?
Soil itself will do for me.
Soil itself is my strength.

The hightide of sheer strength
in this hightide of sheer strength.
In this hightide lie concealed

Ceilte, gan fhios don saol.
Má chuardaímse na mianaigh sin
Tiocfaidh cultúr glórmhar chun solais.
Tabhair dom do lámh
Tabhair dom do lámh.
Lig dom an domhan ionat
A aithint.
Cuir in iúl dom é.
As cré
Tá cré gaibhnithe agat.
Is mian liom a bheith im' chré fhuinte.
Tá dea-uair cruthaithe agat.
Lig dom mo phaidreacha a chanadh di
Agus dordán na gaoithe mar thionlacan.
Go mblátha an bheatha inti.
Nuair a fhoirmítear cré
As cré
Atann ucht an domhain le mórtas.

Rich mines unknown.
If I prospect these very mines
Glorious culture will come into being.

Give me your hand
Give me your hand.
Let me identify
The earth inhering you.
Let me know.
Out of earth
You have forged earth.
Let me be kneaded earth
You have created an auspicious hour.
Let me sing my prayers to it
To the accompaniment of humming breeze.
Let life blossom in it.
When earth from earth
Takes form
Earth's bosom swells with pride.

(Translated by S.S. Kulkarni)

Thevoiachem ghor soddanch ponvta.
The carpenter's house is always leaking.
[One's skills are not employed in one's own home].
Bíonn an braon anuas i dtigh an tsiúinéara.

Konkani proverb

Ranjit Hoskote

A poet, cultural theorist and curator, Ranjit Hoskote's collections of poetry include *Vanishing Acts: New & Selected Poems 1985-2005* (Penguin, 2006), *Central Time* (Penguin/ Viking, 2014), *Die Ankunft der Vögel* (Carl Hanser Verlag, 2006), and *Feldnotizen des Magiers* (Editions Offenes Feld, 2015). His translation of the 14th-century Kashmiri mystic Lal Ded has been published as *I, Lalla: The Poems of Lal Ded* (Penguin Classics, 2011). He is the editor of *Dom Moraes: Selected Poems* (Penguin Modern Classics, 2012), the first annotated critical edition of a major Anglophone Indian poet's work.

Hoskote's poems have been published in many anthologies, including *The Bloodaxe Book of Contemporary Indian Poets* (Bloodaxe, 2008), *Language for a New Century* (W. W. Norton, 2008), *The Harper Collins Book of English Poetry* (Harper Collins, 2012), and *These My Words: The Penguin Book of Indian Poetry* (Penguin, 2012). His poems have appeared in numerous journals, including *Akzente, The Iowa Review, 3am, Poetry Review* (London), *Poetry Wales, The Wolf,* and *Wespennest.*

Hoskote co-curated the 7th Gwangju Biennale (Korea, 2008). He was the curator of India's first-ever national pavilion at the Venice Biennale (2011). Hoskote was a Fellow of the International Writing Program, University of Iowa. He has been writer-in-residence at Villa Waldberta, Munich; Theater der Welt, Essen-Mülheim; and the Polish Institute, Berlin. He was researcher-in-residence at BAK/ basis voor actuele kunst, Utrecht. Hoskote was a member of the jury of the 56th Venice Biennale, and was juror for international literature for the 2015-2017 fellowship cycle at Akademie Schloss Solitude, Stuttgart.

Ar Bheagán Bagáiste

do Baiju Parthan

Ith go mall. Léigh an méid is féidir faid a mhairfidh léas.
Ná tabhair aon ní leat
seachas an spéir atá stionsalaithe san fhuinneog.

Chun an chéad chéim eile den aistear a shamhlú
a thabharfaidh thar phoibleoga an bhaile thú,
thar latrach is thar chrainn phailme go dtí an mhuir neamhghéilliúil.

Is nuair a stopfaidh an traein ag an trá dheireanach
déan dearmad ar chomhcheol na sféar
a shíl tú a bhí i nithe stóinsithe agus líofa.

Leag síos do mhála is féach
ar an sceir a ghearrann
tríd an aigéan

is ar na dreigítí a lasann
tostanna na ré.

Travelling Light

for Baiju Parthan

Eat slowly. Read what you can by available light.
Take nothing with you
except the sky stencilled in the window

to picture the next stage in this journey
that will carry you past the poplars of home,
past scrub and palms to the unyielding sea.

And when the train stops at the last beach,
forget the harmony of the spheres
that you thought to find in hard things and fluent.

Put your bag down and look
at the reef that gashes
through the ocean

and the meteors that light up
the moon's silences.

Miotas an Ateachta Shíoraí

Fatorda, Goa

Fágann tú an meigeafón ar an trá
Agus an dúlra ar a chonlán féin,
Ag siúl ar ghaineamh, ag lapadaíl trí mheall feamainne
Ag labhairt leis an mbóthar, súile laitíse ag faire ort.
Ar dhath na pailme atá tearmann anseo, tagann suan
Go gasta faoina scáth. Is anseo a fhaigheann tú scíth
Ón uisce a dhóigh do lámha um nóin.
Obair chrua is ea scíth, ámh, gach casadh mícheart
Is san áit ar sheas an séipéal, díríonn comhartha meirgeach
Ar lána a dhreapann i measc tithe, is níl aon chnoc ann.

Éiríonn do bhriathra caol tearc is an anáil
Ag dul i ngleic go glic le fána.

Luaith anois é an balsam buí a bhreac
An falla, ach na fuinneoga thoir fós ag féachaint amach
Ar gharrán bambúnna. Baineann tú triail as an ngeata,
Is breathnaíonn tú thar an gcabhsa duilleog-scuabtha.
An bhean atá cromtha os cionn uaigh Chaesair
Sí an cailín í a bhí ag rásaíocht leat in aghaidh an chnoic
(Ise a bhuaigh, thit tusa agus colm
Ar do chlár éadain agat mar chruthúnas air).
Fanann tú go gcasfaidh sí timpeall.
Mise atá ann, a deir tú, i ndiaidh na mblianta sin go léir.

The Myth of Eternal Return

Fatorda, Goa

You leave the megaphone on the beach
and nature to its own devices,
tread sand, paddle across clumped seaweed
and speak to the road, watched by latticed eyes.
Palm green is the colour of asylum here, and sleep
comes quickly in its shade. Here's where you rest
from the water that burned your hands at noon.
But rest is hardwork, every turn seems wrong
and where the chapel stood, a rusting sentry points
to a lane that climbs among houses, and no hill.

Your words grow lean and spare when breath
is crafting ways to temper a slope.

The croton leaves that speckled the wall
are ash, but the east windows still give
on the bamboo grove. Trying the gate,
you look along the leaf-swept drive.
The woman bending over Caesar's grave
is the girl who raced you up the hill
(she won, you fell and have a scar
on the forehead to prove it).
You wait for her to turn.
It's me, you say, after all these years.

Céadcheachtanna Achair

do Annu

Bliain amháin in Fatorda, oíche ghlé i mí Eanáir,
mhúin m'athair dom conas na réaltaí a chur ar shnáithe
le snáthaid d'fhinscéal na Gréige.

Páipéar lándorchaithe fós ar na fuinneoga.
Ar an gcósta thoir, bhí saighdiúirí an namhad gafa
is iad ag máirseáil trí chorcach mhangróbh, faoi néalta loiscneacha.

Ach ní raibh aon tuiscint ag mo shúile trí bliana do ghránáidí
ná d'éide ghiotamála catha: níor fhág an teilifís ná lampa léitheoireachta
aon smál orthu, ach leathadar chun greim a fháil

ar imeall Rigel chomh gorm le séidtóirse is luan dearg Aldebaran.
Mhúin m'athair dom conas breith ar na réaltaí doiléire
trí chleasaíocht féachana ó eireaball na súl.

Blianta ina dhiaidh sin, is mé im' sheasamh faoi spéir Lán-Iartharach
(babhla leathan, ceithre rian scairdeitleán faoi bhláth ann)
chuimhníos ar ár n-obair shnáthaide is ainmnithe:

Na blianta solais ón domhan, céadcheachtanna achair.

First Lessons in Distance

for Annu

On the clearest January night one year in Fatorda,
my father taught me to thread the stars
with the needle of Greek legend.

Blackout paper still blocked the windows.
On the east coast, enemy soldiers were being marched
captive through mangrove swamps, under burning clouds.

But grenades and battle fatigues were alien
to my three-year-old eyes: unscarred by TV
and the reading lamp, they widened to hold

Rigel's blowtorch-blue edge and Aldebaran's red halo.
My father taught me to catch the fainter stars
by sleight of glance, from the corner of the eye.

Years later, standing beneath a Midwestern sky
(wide bowl, four jet-trails blooming in it),
I remembered our needlework of pinpoint and name:

light-years away from earth, first lessons in distance.

Ag Cé an Bháid Farantóireachta

Mandovi

I.

Mar a bheadh ainmhithe i dtearmann ann, maireann íomhánna
sa tsúil, i bhfad tar éis na bpogram is na n-ionchoisní,
beireann póitseálaí orthu ar uairibh
ach seachas sin ní féidir iad a dhíothú.
Tógaimis an droichead a ghabh tráth thar an abhainn seo:
d'fheicfinn é dá seasfainn anseo, áit a mbuaileann an gaineamh crón
leis na tonnta a chrapann ag cosa leadán-tomacha
na gcasúairíneach. Seasaim ar an gcé,
is mé ag súil le glotharnach ó mhótar sa bhruth
agus bobáil cábáin atá ceangailte den chladach,
creatlach de bháirse cheardlann iarainn
a chuaigh faoi daichead bliain ó shin.

Anois agus an droichead tite, tá scéalta cíortha ag na criúnna
tarrthála a bhaineann le baráiste, comhla is eas
nár chuala na hinnealtóirí riamh:
conas d'fhéadfadh a gcuid sondála teacht ar
cheobhrán aboli timpeall ar shéipéil leagtha
istoíche, cumhracht ghéar tulsi thart ar cholúin
brící, ó fhréamhacha basail go domhain
faoin gcros aoldaite?
Nó scáil na gcrann pailme cois abhann, ar dhath
an líoma, fréamhshamhail na síoraíochta, suan nach dtagann éinne as.
Táimse ag dul trasna na habhann. Nílimse eolach ar an mbealach
ná ar a bhfuil ag feitheamh linn ar an mbruach thall.

Bloic lataraíte trí thine faoin ngrian, an dusta ina smál dearg
Nach dtig leis an ngallúnach a bhaint de bháine
éadach na dteifeach. Ní fhéadfadh ailtire ar bith
an baile seo a dhréachtú arís ar a chlár breac:
athraíonn ár gcuid frásaí a ndath, á leá ina rifeanna
ar mháistir-theanga an ama,
a athraíonn a port nuair a ghabhann an abhainn anonn.
San áit ina suímse, i suaimhneas seo na gcatamarán,

At the Ferry Wharf

Mandovi

I.
Like animals in a sanctuary, images survive
in the eye, outliving pogroms and inquisitions,
falling prey to occasional poachers
but otherwise beyond extinction.
Take the bridge that once spanned this river:
I could see it if I stood here, where the tawny sand
meets the waves crumpling at the burr-tufted feet
of the casuarinas. I step on the wharf,
expecting the chug-chug-chug of a motor on the surf
and the bobbing of a cabin shackled to the shore,
the shell of an ironworks barge
that sank forty years ago.

Now that the bridge has fallen, the salvage crews
have trawled stories of barrage, sluice and waterfall
that the engineers could never have heard:
how could their soundings have detected
the drizzle of aboli around ruined chapels
in the night, the sharp fragrance of tulsi
around brick columns, from basil roots
buried under the whitewashed cross?
Or the shadow of palms by the river, lime-green
prototype of eternity, the sleep no one survives.
I'm crossing the river. I don't know the way
or what awaits us on the other bank.

Laterite blocks on fire in the sun, the dust
a red stain no soap can remove from the white
of refugees' clothes. No architect could draft
this home again on his pencilled board:
our phrases change colour, melting to riffs
on the master tongue of time,
which changes its tune when it crosses the river.
Where I sit, in this quietus of catamarans,

d'fhéadfadh go mbáfaí duine, mar chíle a scoiltfeadh
ar sceir choiréil. Ach fágaimis sin mar atá
go dtí go mbogfaidh creachadóirí is breithiúna
an Apacailipsis ar muin leoin chúracha a n-oifige.

II.
Smaragaidí a thug anseo mé is fuaireas romham geilleagar na ndaor,
cloiginn chloiche ar crochadh de gheataí teampaill:
iarsmaí d'íobartaigh cheangailte, smeartha le taos santail,
lucht faire na monarc ar neamh
nuair a tháinig Mangesha agus Shantadurga anuas,
easaoránaigh sheodmhara na sléibhte.
Tháinig carabhail na bPortaingéalach i dtír ansin
agus dhein an chros chéasta, eabhar in aghaidh úsc coinnle,
maoir eaglaise díobh.
Faoi scriúnna ordóige na n-ábhar naoimh,
chuaigh an abhainn, ar nós a cuid déithe, leis an taobh eile:
d'ól suas monabhair bhéarlagair na n-iompaitheach
ach goilleann fós uirthi minchnámh na seanéigse.
Coimiseár cuimhne í an abhainn:
caitheann siar flaigín de chré dhearg mhianach-phléasctha,
slogann lastaí a thagann ó fharraigí intíre
nach dtig le scanlínte satailíte ón taiscéalaí
stop a chur lena dteacht is a n-imeacht.
Sin í an abhainn a chaithfidh mé a chur díom:
tá an bádóir doicheallach, is iad na paisinéirí aige ná
gealt, suirbhéir agus sagart;
aistear gairid í a n-aisling, ach tá gealacha gearrtha ina luí
ar fud na taoide roctha iaidín ina simiteáir.

III.
Tá m'atlas caite uaim agam, teorainneacha smachtaithe, ráilchinn
tógtha ar an gcúrsa ar ais. Ghéilleas do thábla peiriadach
a chuir mearbhall orm is mé im' pháiste.

a man could drown, split keel-wise
on a coral reef. But his stories will keep
until, astride the foaming lions of their office,
the predator-judges of Revelation stir out.

II.
I came prospecting for emeralds and found a slave economy
of stone heads dangling from temple gateways:
relics of trussed victims, sandalpaste-smeared,
appointed sentries to the monarchs of heaven
when Mangesha and Shantadurga came down,
bejewelled expatriates from the mountains.
Then the Portuguese caravels made landfall
and the crucifix, ivory against the candlegrease,
took them for its sextons.
Under the fumbling thumbscrews of aspirant saints,
the river, like its gods, switched sides again:

it lapped up the susurrants of a convert's parlance
but the bonemeal of old poetry sticks in its craw.
The river is a commissar of memory:
it empties a flagon of red, mine-blasted earth,
wolfing down cargoes that arrive
from inland seas whose ebb and flow
the scan-lines of the satellite probe
cannot arrest. That is the river I must cross:
my boatman reluctant, his passengers
a madman, a surveyor and a priest;
a brief crossing their dream, but sliced moons lie
scattered on the rucked iodine tide like scimitars.

III.
I've thrown my atlas away, dragooned borders, built
railheads on the route back. I've surrendered
to a periodic table that baffled me as a child.

Glaoite mar íobairt, tairneáilte ar gach is cuimhin liom
le slisíní de mhangó amh ar maos i sáile,
cuirim in aghaidh an trasnaithe leis an tuairim
go ligfidh an grian-laindéar dom sleamhnú
isteach san uisce seo nach cuimhin leis ach
dorchadas i ndiaidh dorchadais, an solas i dtaisce
i bhfad ó raon an tumadóra, an t-uisce seo atá ár mbá
d'fhonn sinn a shlánú, ár n-iompar chun siúil
is ár dtabhairt ar ais, ach ní slán dúinn riamh.

Greamaithe idir baracáid palmyra
agus an taoide ghlas charntha, fanaim le bolaithe
éisc phicilte agus na toinne olúla.
An lamairne plúchta ag múch díosail. Buille druma
an choire is an ráille in uachtar.
Nuair a théim ar bord,
leánn an abhainn, an ché agus an sráidbhaile iascaireachta
sa cheol dian meaisíndéanta
agus seasann an bád, í ar crith ar nós ainmhí
ga seá inti ó fhiántas na dufaire.
Cloisim preabaireacht is loiceadh an innill
Mar choinneal-chroí leannáin.

Timpeallaíonn faoileán an cóch is tailm na cabhlach,
An mótar cíocrach chun imeachta is gan a bheith in ann
agus beirim greim ar roth creathánach an bháid farantóireachta seo
nach bhfuil ann.

Summoned as sacrifice, nailed to all I recall
with slivers of the rawest mango steeped in brine,
I counter the crossing with surmise that
the lantern sun will let me slip
into this water that remembers only
darkness after darkness and hoards the light
far below the diver's reach, this water that drowns us
to redeem us, carries us away
and brings us back, but never whole.

Fixed between a palmyra barricade
and the heaped green tide, I wait for the smells
of pickled fish and oil-troughed wave.
Diesel fumes suffocate the landing. The drumbeat
of boiler and rail takes over.
As I step aboard,
river, pier and fishing village
dissolve in the stern, machine-tooled music
and the boat stands shaking like some beast
panting from the jungle's ferocities.
I hear its engine throb and stall
like a lover's candled heart.

A gull circles above the squall and hull-thump
of a motor that's gunning to move but can't
and I grip the shuddering wheel of this ferry
that is not there.

Ghor-mogreak pormoll na.
Jasmine in one's own garden has no fragrance.
[Familiarity breeds contempt].
Níl boladh ón tseasmain i do ghairdín féin.

Konkani proverb

Rochelle Potkar

Author of *The Arithmetic of Breasts and other stories, Four Degrees of Separation,* and *Paper Asylum,* Rochelle Potkar is the alumna of Iowa's International Writing Program (2015) and Charles Wallace writer's fellowship, Stirling (2017). Widely anthologized, her prose was performed by artists on stages in Iowa and Portland, Maine.

She was the winner of the 2016 Open Road Review story contest for 'The leaves of the deodar'. Her poem 'Cellular: P.O.W.' was shortlisted for the 2017 Hungry Hill competition, Ireland, and 'Ground up' won third place at the David Burland poetry prize 2017. She has read her poetry at a few festivals, recently the Lviv International Literature Festival, Ukraine. Her short story 'Chit Mahal' ('The Enclave') appeared in *The Best of Asian Short Stories* (TBASS) anthology by Kitaab International. launched at The Singapore Writer's Festival.

She is program co-founder of the Arcs-of-a-Circle Artists' Residency program with The US Consulate General, Mumbai and Akshara Centre.

She is currently editing Joseph Furtado's manuscript of prose and poetry. (https://rochellepotkar.com/)

Teacht le Chéile

Bhí nós aisteach ag m'uncail daoine a thabhairt le chéile.
Thógfadh sé cúigear is fiche mura miste leat ar turas.

Abair: Aintín Perpetual a raibh a hucht gearrtha,
d'ardaíodh sí a t-léine i gcónaí chun an scéal a insint dúinn,
Avo a sheasadh agus a dhéanadh a mhún ar nós sioráif,
Milton, col ceathar, ag cur síos ar threabhsar daoine is brístíní,
Uncail Kaitaan a scar óna bhean sular chaill sé a radharc
agus cathú air ar bhreathnú siar dó,

nó Aintín Bertha a raibh an oiread sin grá aici dá fear
go mba bhreá leo cithfholcthaí picnice dá gcolainn liobarnach tar éis 40 bliain
(an lánúin a fholcann le chéile . . .),

Aintín Nysa a staon ó bhia le bheith seang is a d'éirigh feosaí
mar nach ionann a bheith aon kg níos éadroime agus a bheith níos óige,
agus Aintín Alice a bhí colscartha nuair a bhain teir lena leithéid.

Uncail Wilfred a raibh nath cainte aige do gach ócáid
sa Choncáinis liriciúil
rud a d'imeallódh a chuid naimhde
faoi mar a imeallaíodh eisean toisc é a bheith beo bocht.

M'athairse ag cúlú leis i gcónaí ó rothaíocht
na bpáistí,
agus ó chiorcal na beatha is rothaí móra an tsaoil.

Bheadh cúpla uncail spártha suite i gcónaí ar chathaoireacha plaisteacha
leis na tiománaithe is na garraíodóirí
agus buidéil alcóil á n-oscailt go sollúnta acu.

Bheadh piollaí torthúlachta ag Aintín Cassandra
clocha míle páistí eile aici á gcomhaireamh
gaois loiteoige na dea-thuismitheoireachta á cleachtadh aici.

Gathering

My uncle had a strange habit of gathering people.
Not less than 25 he would take on an outing.

Like: Aunty Perpetual with her breast cut
who would lift her t-shirt every time to show us her story,
Avo who would stand and take a piss like a giraffe,
Cousin Milton who would talk about everyone's pants and panties,
Uncle Kaitaan who divorced his wife just before he turned blind
and regretted it in hindsight,

or Aunt Bertha who loved her husband so much
they still bathed under picnic showers and sagging flesh of 40 years
(a couple that bathes together . . .),

Aunt Nysa who starved to look thin and ended up haggard
because one kg less is not a year younger,
and Aunt Alice who was divorced when that was still a stigma.

Uncle Wilfred had one phrase for every occasion
in lyrical Konkani
aimed to marginalize his opponents
who had marginalized him because of his poverty.

My father would step further and further away
from the kids cycling,
as he would from the circle of life and everyone's life cycles.

A few spare uncles would always sit on plastic chairs
with the chauffeurs and gardeners
inaugurating alcohol bottles.

Aunt Cassandra would be on a fertility pill
counting milestones of other's children and
practising her lotus-like parenting wisdom.

Aintín Matilda ar fithis le curaí, sorpotel,
is gríscíní a friochadh i seimilín is ola shaor lus na gréine.
Fuair daoine an-bhlas ar a cuid ofrálacha dea-mhéine
ach níor thugadar riamh cuireadh chun cóisire di.

Agus maidir leis na searbhóntaí!
Cothrom na féinne le plátaí dinnéir
a gcloigeann lán de mhíolta,
bríste gairid orthu, cíochbheart lasmuigh den t-léine.
Toitíní garbha á gcaitheamh acu, ag crochadh thart
ar chol ceathracha na gceathrún griandaite cruicéid,
ag scigireacht ar chol ceathrair Milton gur ainteagmhaíodh leo
is cuireadh abhaile iad.

M'aintín—bean m'uncail—bheadh spéis aici
i ngach anraith agus an t-oideas,
ba chuma cén tigh nó óstán ina rabhamar.

Ní éalódh aon ní uaithi
fiú agus nóibhéine laethúil ar siúl, clog an aingil nó an paidrín:
an ceangal idir Martha agus Rosie, aon chineál amháin iad,
an obair fhíolagráin ar bhráisléid óir Avo,
an tuarastal a thuill Uncail Jimmy,
na marcanna a thug Edith abhaile.
Ghiorraíodh m'uncail an bóthar
le jócanna luchanna eaglaise ar thraenacha go Goa
agus sos againn ag Miraj.
Chliceáladh sé pictiúir d'Eas Dudhsagar
leis an panache céanna sin
a mbuaileadh Uncail Fred agus Tony an cac as a a gcéile mná
agus d'fhuaigh Aintí Emma an taobh amuigh
de phóca a céile siúd
ionas nach dtabharfadh sé iasacht d'éinne níos mó.

Matilda aunt orbited around with curries, sorpotel,
and cutlets fried in rava and cheap sunflower oil.
People relished her friendship-offerings
but never invited her for their parties.

And the servants!
Equal of equals on the dinner plates
with their heads full of lice,
they wore shorts, and their bras outside their t-shirts.
They smoked beedis, hovered around the male cousins
with bronzed cricket thighs,
and giggled at cousin Milton until they were molested,
and shunted home.

My aunty—Uncle's wife—would be interested
in every soup and its recipe,
never mind which house or hotel we were in.

Nothing escaped her sight
even in daily novenas, angelus, or rosaries:
the peas-in-the pulav bond between Martha and Rosie,
the filigreed work on Avo's gold bangles,
the salary uncle Jimmy earned,
the marks Edith brought home.

My uncle would cut long journeys short
with church mouse jokes on trains to Goa
with break journeys at Miraj.
He would click pictures of Dudh-sagar
with as much panache
as Uncles Fred and Tony beat up their wives
and Aunty Emma stitched her husband's pocket
from the opening outside
so he wouldn't lend any more money.

Aon uair a mbíodh Edith ar bharr an ranga
bhí sé ina raic eadrainn—na páistí eile.
Nuair a fuair sí jab agus tuarastal ard,
bhí m'aintín ag lorg náideanna i ngach éinne
ar nós comhábhar in anraith.

Marcanna arda ná airgead ní raibh againne.
Íochtaráin ab ea sinn, pátrúin na bochtaineachta.

Níor linne riamh an lá
lascadh ár n-aintín sinn lena stánadh gormshúileach
i seomra lán de chomhluadar.

Every time Edith topped her class
there would be mayhem for all of us—the other children.
When she got a job with a heavy pay packet,
my aunt searched for zeros in every person,
like ingredients in a soup.

We had neither high marks nor the money.
We were the pariahs, patrons of penury.
 The day never belonged to us
as our aunt whipped us with her blue-eyed gaze
in this room full of people.

Pailmseist

Tugtar Aparanta chun beatha
sa tslí a roghnaíonn an dealbhóir
gráinní gainimh cearnógacha
in áit na ngráinní cruinne gréine.
Gráinní cearnógacha, is fearr a ghreamaíonn siad.

Brúnn ina n-áit iad le huisce,
ar nós an dóchais,
bloc i ndiaidh a chéile
agus tógann na múnlaí amach le sceana fíneálta
nuair a chruann siad ar nós creidimh.

Snoíonn í ina dúil, ina drúis, ina grá, ina maoin,
dlaoithe gruaige os cionn gualainne,
cuair na sróine, fabhraí,
breicneach, strainc, beola troma.
Féachaint aislingeach ina súile,
cíocha breátha de ghaineamh
ó ghrinneall na habhann.

Tagann gach éinne chuici anois don splanc sin
a shaorfaidh iad.
Ag breathnú gach áit, á lorg,
mar a stánfá i scáthán chun go ndéanfaí duine eile díot.
Chun go bhfillfidís ar a gcathracha eagraithe
is a rá, 'Bhfuil fhios agat cad a tharla dom tráth in Aparanta?'

Caithfidh siad a bheith gasta.
Athraíonn leoithne na farraige,
dreacha nua á snoí
ar a haghaidh i bhfaiteadh na súl.

cime—
múnlaíonn an ghrian crainn
ar phána a doinsiúin

Palimpsest

Aparanta comes alive
in the way the sculptor chooses
square sand grains
over round, surf-kissed ones.
Square grains stick better.

He pounds them into place with water,
like hope,
block upon block
and removes the molds with fine knives,
when it turns hard like belief.

He chisels her into desire, lust, love, prosperity.
The strands of her hair, poise over shoulder,
nose curves, eyelashes.
Freckles, frown, the heaviness of lips.
Her gaze is set to a dream,
bosom made heavy of sand
brought in from the riverbed.

All come to see her now for the one flash
that can set them free.
Their eyes rove, searching her,
as if staring into a mirror to become another person.
So they can go back to their clockwork cities
and say, 'You know what happened to me once in Aparanta?'

They have to be quick.
The sea breeze breaks thick,
carving out new expressions
over her face each minute.

captive—
the sun shaping trees
on her dungeon pane

Crith na bPeiteal Corcra

B'é mo sheanathair an pótaire ba mhó i
sráidbhaile an bougainvillea, Assagao.

Chruthaigh sé seanchas le gach anáil is brúcht, alcól tríothu.
Lom sceirdiúil anois iad na bóithre, a ndreapadh is achrannach.
Tá bus deannachúil amháin, bus stáit Kadamba, óna dtuirlingímid.

Siúlaimid i dtreo thigh Mr Dias. Fear ceart na háite,
Triúr páistí aige agus scéal aige faoina phósadh grá atá passé anois.
Is aige atá an gairdín is mó, bláthanna trópaiceacha ar fud na bhfud.

Cuireadh chun tae nó chun fíona uaidh, ach ní chun fanacht san áras folamh is
    na seomraí ann nach n-úsáidtear riamh.
'Níl aon óstán in Assagao, ná cónaí le teaghlach ann. Ní thagann turasóirí
    anseo,' ar sé.
Níl faic ann ach stair i measc na gcluas beo is iad ag éisteacht
    . . . pian na cuimhne, sloinnte, tithe sinseartha.

Insíonn mo mháthair dom gur thit tigh mo dhaideo as a chéile agus bhí orthu
    é a dhíol ar phinginí.
Cloisim scéalta ó Uncail Dias go scríobhadh mo dhaideo leathanaigh fhada
    filíochta,
Chumadh sé drámaí le haghaidh na heaglaise,
Chuaigh chun na Portaingéile agus d'fhill le coirníní lonracha do na mná go léir.

clapsholas samhraidh—
cótaí á n-iompú
ina scéalta

Cloisim óm' mháthair go n-óladh sé ó dhubh go dubh agus gach éinne á bhatráil
    aige.
I féin agus a deartháir ag rith thart ar na bunds, ag máinneáil thart ar na lánaí,
    ag streachailt lena gcuid Portaingéilise,
Is mar a shnámhadh sí leis na buabhaill sa sruthán, nó crainn a dhreapadh agus
    titim mar dhílleachta.

The quivering of purple petals

My grandfather was the biggest drunk. In the village of bougainvillea, Assagao.

He created lore through his breath and burp, laced with alcohol.
Now the roads are bare and barren, tumultuous in their climb.
There is one dusty Kadamba state bus that we get off from.

We walk toward Mr. Dias' home. Good man of the village,
father of three with a story of his avant-garde love marriage that is now passé.
His garden is the largest, with sprawling tropical flowers.

He invites us to tea or wine, but not to stay in his large empty house of unused
    rooms.
'There is no hotel in Assagao, not even a homestay. No tourists come here,' he
    says.
There is nothing, but history amidst its living, listening ears.
 . . . the pain of memory against last names, ancestral houses.

My mother tells me my grandfather's house fell to ruins, and had to be sold for
    a pittance.
I hear tales from Uncle Dias that my grandfather wrote long pages of poetry,
he wrote plays for the church,
he went to Portugal and returned with shining beads for all the women.

summer gloam—
turning coats
into tales

From my mother, I hear of how he drank night and day and beat up everyone.
How she and her brother ran around on the bunds, loafing in lanes, floundering
    in their Portuguese,
and how she swam with the buffaloes in the stream, or climbed trees and fell
    like an orphan.

Cloisim scéalta, frithráiteach ar uairibh, aga-dheighilte, neamhchroinicithe,
Agus ar ball ní faoim' dhaideo iad níos mó ach cuimhní scagtha agus
   ath-shainmhínithe,
Saillte, maranáidithe, á dtriomú faoi ghrian gheal Goa.
Pioctha mar a phiocfá iasc saillte agus ite le curaí beirithe is rís.

Níl aon chuimhne agam ar dhaideo. Cailleadh é bliain sular rugadh mé
Ní shamhlaím conas a bheadh sé aithne a chur air.
Ar meisce? Ina fhile? Nó an duine eile a bhí ann? Ar líonadh a ghloine le deoch
   is filíocht? Ar bhealaí difriúla?
Is fearr, uaireanta, na scéalta. Líontar sinn ar nós le huisce.
An t-achar an t-iompróir is fearr, an t-am an t-eagarthóir is fearr.

teoiricí an chruthaithe . . .
ráflaí faoi conas
a saolaíodh sinn

We hear stories, contradictory sometimes, time-lapsed, un-chronicled,
and not of my grandfather after a while as much as of memories refined and
    redefined,
salted, marinated, left to dry in the hot Goan sun.
Plucked like flesh of salt fish and eaten with boiled curry and rice.

I don't recall my grandfather. He died a year before I was born.
I don't visualize what it would have been to know him.
Drunk? A poet? Or was he someone else? Did poetry and liquor fill up his glass?
    Differently?
Stories, sometimes, are better. It fills us up like water.
Distance, the best carrier, time, the best editor.

creation theories . . .
rumors of how
we were born

Áit dhúchais

Is leitmóitíf é Goa de shaoire ár n-óige i mí na Bealtaine.
Ceathairéad d'aintíní allasúla gona gcuar-shiollaí lachtacha.

Seomraí beaga nite a d'oscail do cheolfhoirne de chrotal is coighir ó áiléir is
lochtaí.
Soinéad báistí thar chéimeanna marúin, toilg chloch, is fuinneoga glasa ag
caoineadh,
gazail clóis ghaineamh-ghráinneacha: seaca, guábha is crainn mangó.

Sainaicmí Caitliceacha agus athchuairteoirí ar thrá Majorda laistiar de
mhamónna is aintíní cúlchainteacha
(thugtaí eolaí ar mo mháthair, turasóir ar sheanchol-ceathrair, bebdo ar uncail
neamhphósta, ankwaar kodi ar aintín a bhí ina baintreach)

Saorvéarsa d'iasc gearrtha ó bhainis aintín sa sean-am taobh le tobar uisce
draoibeach déjà vúáilte.
Mangó neamhaibí, teangacha ár dteacht in inmhe á bpúscadh acu gan náire i
mbailéid mhealltacha.

Owria, Mario, Maria—na páistí béal dorais
a bhí in ann siúl go mear an lá ar fad trí ghoirt ríse is ar bhóithre garbha gan
stróiceadh matáin a bhaint dóibh.

Ba lampróg é Goa a gabhadh i dtor dlúth foraoise, bríomhar, cúramach, eireaball
dúnta,
cealgach i lúb na colainne – Chant Royal a d'fhógair deireadh shéasúr na
laethanta saoire
báisteach ag titim i mí an Mheithimh.

An mothú céanna d'ísle brí gan teach a bheith ann
taobh le bóthar eaglais Mae Dos Pobres, Nuvem.

Haiku de dhuilleoga chlós cúirte a cailleadh i gcaitheamh an ama,
púróg lonrach ag taise greanta ar thonn ag imeacht.
Sean-bhungaló Portaingéalach ar thug an díon uaidh,

Native place

Goa is a leitmotif of childhood May holidays.
A quartet of perspiring aunts curlicuing their liquid syllables.

Small washed rooms opening to orchestras of husk and coir from attics and lofts
A sonnet of rain over maroon steps, stone sofas, and green weeping windows,
sandy-grained backyard ghazals of jackfruit, guava, and mango trees.

Catholic castes and Majorda beach-returnees behind gossiping grandmothers
    and aunts
(my mother was called scientist, an elder cousin-tourist, a single uncle-bebdo,
a widowed aunt, ankwaar kodi)

A free verse of carved wedding fish of an aunt's yesteryear wedding near a
muddy déjà vu-ed water well.
An unripe mango, oozing blatant growing up languages in ballads of arresting
tongues.

Owria, Mario, Maria—the neighbor's children
who could walk fast and long through paddy fields, uneven roads without a
    muscle tear.

Goa was dragonfly caught in thick forest bush, painstakingly brisk, pinched at
    its tail,
biting at the bend of body—a Chant Royal, announcing the end of the holiday
    season
in raining June.

The same empty feeling of a house not being there
off Mae Dos Pobres church road, Nuvem.

A haiku of courtyard leaf lost over time,
a gleaming pebble etched wet on a wave receding.
A roof caved in of an old Portuguese bungalow,

nach raibh ann dar le hUncail ach aithris lom ar an nua-aimsearthacht:
carn tithe cúnga agus sraith de staighrí bréana
—bloc árasán" (Mar a chífeá i Mumbai.')
Traigéid de chuimhní na hóige a dhíoltar saor í gcónaí
agus nach gceistítear.

Adhmholadh.
Óid, íorónta.
Véarsaíocht gan rím, reilig.
Is cuma faoin díomá,
fill ar thír tairngire.
Marbhna.

where an Uncle saw it for a rehash of modernity:
stacks of cubby houses atop rows of reeking staircase
—an apartment building! ('Like they have it in Bombay.')
A tragedy of childhood memories always sold cheap,
and unquestioned.

Eulogy
Ode, ironical.
A blank verse, final resting place.
No matter what the disillusions be,
return to a promised land.
Elegy.

Ambuss khaleale golleant karchata.
If you eat sour things, your throat itches.
[If you have done a wrong, the slightest reference to it upsets you].
Ith bia searbh, beidh tochas i do scornach.

Konkani proverb

Salil Chaturvedi

Salil Chaturvedi writes short fiction and poetry in two languages. His stories have appeared in various anthologies and magazines, including *Himal, Indian Quarterly, Indian Literature*, and *Out of Print*. His poetry has appeared in *Wasafiri, Guftugu, Indian Cultural Forum, The Sunflower Collective*, etc. Comics and haiku are old loves. His haiku have appeared in *Modern Haiku, The Heron's Nest, Frogpond, Acorn, Chrysanthemum, Wild Plum, Hedgerow, Failed Haiku*, and other journals. Salil was the Asia-region winner of the Commonwealth Short Story Competition, 2008. He loves marginal spaces and lives in Goa, a special 'edge' place in India. He was instrumental in bringing out the first Konkani audio book for visually impaired Konkani speakers. His most recent work has been a book titled *Beautiful Women* which charts the life of ten sex workers in Goa who have been rehabilitated in a commercial laundry set up by an NGO. He can be reached at: sal_chat@yahoo.com.

Cead

Ar oileán Divar
uisce báistí
sa phúitse plaisteach
os cionn an ghlais
a dhúnann an t-áitreabh go daingean

cloigne fiosracha
na mbrobh féir
tríd an ngeata miotail

dhá bhumbóg
ina gcuar tríd an gclós cúirte
agus buíon seangán
ar fud scoilteanna an chabhsa
is a mhósáic breac le caonach

tarraingíonn damhán alla dearg
téada an phúca
ón ngeata miotail
go dtí tor monsúin

féileacán liathghorm
a sciatháin á n-oscailt is á ndúnadh aige
ar imeall an chláir

a gheallann
go mbeidh droch-chríoch
ar éinne a thagann isteach
gan chead

Permission

On Divar island
rain water
in the plastic
pouch over the lock
that seals the premises

blades of grass
lean their curious heads
through the metallic gate

two bumblebees
curve into the courtyard
while a platoon of ants
explores the cracks
in the driveway's moss mosaic

a red spider
pulls gossamer
from the metal gate
to a monsoon shrub

a grey-blue butterfly
closes and opens its wings
on the edge of the board

that promises
dire consequences
to those who enter
without permission

Bealach na Báistí

1

Míle míle i gcéin tá máthair ag glaoch
is ba mhaith léi a hiníon a shlogadh ar fad
trí chluaisín an ghutháin.

Os cionn challán na bhfroganna
tá an tost ar iasacht aici ó na crainn
móide na bláthanna liathchorcra
a phéacann go rialta óna cuid gruaige.

2

Ní fhaca me riamh caonach ag fás ar bhriathra.
Tá géaga marbha, leis, beo faoin mbáisteach seo.
Ar feadh trí mhí éiríonn an fhoraois thart ort
            is téann as radharc arís
            faoi do chosa. Am maith é seo
chun an Moringa a chur—buanchara na mban:
poll a thochailt
géag a chur ann
agus fág faoin dorchadas ansin é.

3

D'fhéadfadh gurb ar an taobh thall
de theanga atá na crainn
ach níl faic cearr
le seasamh faoin mbáisteach
agus dán a aithris do chrann.

The Way of Rain

1

A mother calls from a thousand miles
and tries to swallow her daughter whole
through the earpiece of a phone.

Amidst the cacophony of frogs
her silence is borrowed from the trees
as are the mauve flowers that sprout
regularly in her hair.

2

I have never seen moss growing on words.
Dead branches, too, are alive in this rain.
For three months the forest comes up all around you
  and then it disappears under your
  feet again. This is a good time
to plant the Moringa—a woman's best friend:
You dig a hole
put a branch in
and let the darkness take over.

3

Trees may lie
on the other side of language
but there is nothing wrong
in standing in the rain
and reciting a poem to a tree.

4

Tuirlingíonn cuimhní na hóige
ar do chraiceann ina mbraonta airgid
agus tú i do líbín báite
i bhfaiteadh na súl.
Cuilithíní ag trasnú a chéile
an tráthnóna go léir.
An bháisteach ar sceabha istoíche
do do tharraingt go mall
go dtí cuimhne ar an gcéad phóg.
Gach áit sleamhain.
An domhan ina scáthán.
Pé áit a bhféachaimse, caite ar ais chugam féin atáim.
Caithfidh go bhfuil slí chun labhairt le gach ní atá imlínithe go faon.
Nithe áirithe ní beo dóibh ach faoin mbáisteach.

4

Childhood memories
fall on your skin as silver drops
and in a short time
you are completely soaked.
Ripples intersect
each other all afternoon.
At night the rain falls at a slant
dragging you slowly
to the memory of your first kiss.
It's slippery everywhere.
The world has turned into a mirror:
Anywhere I look I find myself thrown back at me.
There must be a way to talk to everything with faint outlines.
Some things survive only in the rain.

Filleadh

Shroiseas an baile ar 6 p.m.
Gach rud i gceart.
Tá Dia cineálta.
Briseadh isteach sa tigh.

Shleamhnaigh
na lampróga isteach
trí thíleanna an dín

agus na nithe
nach bhfuil ann is geall le hearraí
dubha iad

ar snámh go doiléir
i measc tonnta craosacha
i lár na teiscinne.

Ar maidin
raghaidh mé ag bailiú
sliogán trá

Return

Reached home at 6 p.m.
All well.
God is kind.
The house is burgled.

The fireflies
  have slipped in
through the roof tiles

and the loss of
things seems
like black objects

floating indistinctly
among hungry waves
out in the sea.

In the morning
I'll go pick
some sea shells.

Chonaic mé Dia

chonaic mé dia
inniu
ina luí
i móinéar
gar do na claochladáin
aibhléise
ar imeall Aldona.
ní bhfuaireas radharc maith
air—uirthi?
—ach fuaireas spléachadh air
is é ina luí, á shníomh féin
isteach sa talamh agus
phéac an féar ansin, glas
agus léim bláthanna aníos gach áit
corcra, buí, bándearg
chuimil nathair í féin den dia ina luí
bhí na crainn ag bogadh go séimh
agus leoithne ag éirí
scairt cúr ón spéir
tháinig scinc ramhar amach as an móinéar
is í ag lonrú faoin ngrian
bhí snáthaidí móra ar foluain gach áit
féileacáin bheaga bhuí ag eitilt is iad ar bís
bhíos ag feitheamh ar feadh i bhfad leis an dia
go n-éireodh sé ach níor éirigh.
mheasas go luafainn leat é
ar eagla go mbeadh dia de dhíth ort
b'fhiú duit b'fhéidir breathnú
thart ar na claochladáin aibhléise
gar d'Aldona

I saw a God

i saw a god
today
lying down
in the meadow
near the electricity
transformers
on the outskirts of Aldona.
i couldn't get a very good
look at it—him, her?
—but i caught a glimpse of
it as it lay down and merged
into the ground and
then the grass shot up green, and
purple, yellow and pink flowers sprang all around
a snake rubbed itself all over
the lying god
the trees seemed to move in a gentle rhythm
as the breeze picked up
a kite called out from the skies
a fat skink came out of the meadow
glistening in the sun
dragonflies were hovering all over
and small yellow butterflies flew excitedly
i waited for a long time for the god
to get up but it didn't.
just thought i'd let you know
in case you're missing a god
you might want to take a look
around the electric transformers
near Aldona.

Soter Barreto

A significant contributor to Gulab, Soter Barreto is a renowned Roman Konkani litterateur, writer and activist.
He was awarded the Gulab Roman Konkani writer award in 2008.

translator Augusto Pinto

Augusto Pinto is a book reviewer, translator (from Konkani to English) and lecturer in English.

Gearán an Patranv

Deir an Patranv
'Ná béic gan ghá
Ná caill an cloigeann
Ná cuir tús
Le clampar.
Labhair go séimh
Léirigh comhbhá.'

D'éirigh an Patranv
An mhaidin sin
D'ith uibheagán
De cheithre ubh
Bhí arán aige
Le him is subh
Agus d'ól
Gloine bhainne.
Tá ocras fós
Ar na hoibrithe.

[Focal Concáinise é *patranv*, ón bPortaingéilis *Patrão*
a chiallaíonn 'saoiste']

The Patranv's Gripe

The Patranv says
"Don't unneccesarily shout
Don't flare up
Don't create
Commotion.
Speak calmly
Show compassion."

The Patranv
Got up that morning
Ate an omlette
Of four eggs
Had bread
With butter and jam
And drank
A glass of milk.
The workers
Are still hungry.

(*Patranv* is a Konkani word derived from the Portuguese *Patrão*
meaning boss)

Ingne

Ní raibh ingne
Ar bith ar an máthair, an créatúr
Agus í ina baintreach.

Bhí na hingne sin ídithe
Agus í ag sclábhaíocht
Ar a son.

Níor dheineadar san
Aon ní eile
I gcaitheamh a saoil
Ach snas a chur ar a gcuid ingne—
Dathanna deasa!

Fingernails

The mother, poor thing
Never had fingernails
As she endured widowhood.

She wore those nails out
Slaving
For them.

They on the other hand
Spent all their lives
Doing nothing else
But polishing their fingernails
Colourfully!

Táim gan Suan

An bhfuil goimh ort?
Led' thoil, éist liom!
Ar m'fhocal
Ní raibh tuairim riamh agam
Conas suirí
A dhéanamh leat
Súil a chaochadh leat
Conas do dhlaoithe a mhuirniú
Cén seampú
Púdar
Nó ungadh a thabharfainn duit
Cá dtabharfainn thú
Le haghaidh uachtair reoite
Nó conas barróg a bhreith ort
Conas tú a mhealladh
Is mil a chuimilt leat
Ní raibh tuairim faoin spéir agam
Conas tabhairt faoi
Mar sin féin
Ní fhéadfainn
Scaoileadh leat
Cén fáth, fiafraím díom féin. Cén fáth?
Tá sé seo ag tarlú le mí anuas
Nuair a smaoiním ort
Istoíche
Bím gan suan.

I Can't Sleep

Are you angry?
No! No! Listen!!
I swear
I never had a clue
As to how to
Make love to you
How to wink at you
How to caress your hair
What shampoo
Or powder
Or cream to give you
Where to take you
For ice-cream
Or how to hug you
How to seduce you
With sweet talk
I had no clue
How to do all this
Still I can't
Let go the sight of you
Why I ask? Why?
It's been a month now
When I think of you
At night
I can't sleep.

Go naofar d'ainm

A Dhia
Go naofar d'ainm
Sa teampall
Sa mhosc
San eaglais
Sa ghurdbhara
Bíodh an t-impíoch
Ina Ram
A Rahim
A Rosario
A Ranjit
A Dhia
Go naofar d'ainm
Go naofar d'ainm

Holy be your name

O God
Holy be your name
In the temple
In the masjid
In the church
In the gurudwara
Whether the supplicant
Is Ram
Is Rahim
Is Rosario
Is Ranjit
O God
Holy be your name
Holy be your name.

Srón an Aire

Tá muintir na tíre
Agus a gcuid laindéar ar lasadh acu
Ag fánaíocht thall is abhus
Sa tóir ar a shrón
A chaill sé
Nuair a deineadh Aire de.

The Minister's Nose

The people of the land
Their torches alit
Are roaming hither and thither
Hunting for his nose
Lost
After he became minister.

Fiabhras ag dul in olcas

Tá ocras orm
Gan bhia
Tá tart orm
Gan uisce
Tá tinteán ann
Gan adhmad
Feirmeoir
Gan ghoirt
Céachta
Gan daimh
Níl conair agam
A siúlfainn uirthi
Níl oíche ann
Chun go gcodlóinn
Níl lá ann
Chun go ndúiseoinn
Tá fiabhras orm
Gan kanji a chothódh mé
Níl airgead agam
Chun nimh a cheannach
Níl radharc
Ar chrann
Dom bhreocharn
Ná dom' chónra

A Fever Rages

I'm hungry
No food
Thirsty
No water
There's a fireplace
No firewood
A farmer
With no fields
A plough
But no bulls
I've no path
To walk
No night
To sleep
No day
To wake to
I've a fever
No kanji to nourish me
To buy poison
I've no money
For my pyre
Or my coffin
There's not a tree
In sight.

An Kaxtti a Chaithim

Tháinig sé
Agus ghlac grianghraf
Den kaxtti a bhí orm.
Bhí clú agus cáil ar fud an domhain
Ar mo kaxtti dearg.
Ghlac mo kaxtti páirt
I dTaispeántas
Agus bhuaigh duaiseanna
A chuir seisean ina phóca.
Níl ionamsa ar ndóigh ach kaxttikar bocht
I gcónaí.

(Bréid gabhail a chaitear i nGoa é an kaxtti, d'éadach dearg de ghnáth.
Ní chífeá ar éinne inniu é seachas seanóirí thíos faoin tír)

My Kaxtti

He came
And photographed
My kaxtti.
My red kaxtti
Became world famous
My kaxtti
Went on Exhibition
And won prizes
All of which he pocketed.
But I've
Still remained a mere kaxttikar!

(The kaxtti is a traditional Goan loincloth, usually of red coloured material.
It is seldom used nowadays except by poor elderly rural folk.)

Girest soro pielear alegr, gorib pielear bebdo.
If a rich man drinks, he is called an aristocrat.
If a poor man drinks, he is called a drunkard.
Má ólann fear saibhir, is duine uasal é.
Má ólann fear bocht, is meisceoir é.

Konkani proverb

Tanya Mendonsa

Tanya Mendonsa is a poet and a painter, and in her poems she draws deeply from a poetic tradition of the wonders of the natural world, which illuminate her first book, *The Dreaming House*. Her second book of poems is *All the Answer I Shall Ever Get*. Her poems have also been anthologized in the US and in India. *The Book of Joshua*, a doggy memoir is her first work of non-fiction.

Fágaim Slán Leis an mBáisteach

Amach liom go moch ar maidin
chun slán a rá leis an mbáisteach
sula n-imeoidh sí:

Uisce na habhann ar dhath gorm-scláta
sciathán an ghuairdill;
na féara fada á lascadh ag an ngaoth thais;
lochán ceilte faoi na sceacha
ar crith le teann neamhchinnteachta.

An fuadar seo is an liú
goltraí atá ann don bhliain atá ag imeacht,
á chanadh i nguthanna atá níos láidre ná mo ghlórsa.

Cuirimse leis an gcurfá, sin uile,
agus mé buíoch as gach
a bhfuaireas-sa ón mbáisteach:

mo spiorad á uisciú aici,

an domhan á leasú,

ainmneacha a cuid páistí fiáine á múineadh dom
de réir mar a bhláthaíodar:
ar dtús sna fálta sceach,

ansin san aigne.

Thug sí dom gile
an mhaidneachain
is mé ag siúl léi
thar na cnoic,
scáileanna na hoíche glanta dínn,

I Say Goodbye to the Rain

I walked out this early morning,
to say goodbye to the rain
before it left:

The river water the blue-slate colour
of a storm-bird's wing;
the long grasses whipped by wet wind;
the hidden pool under the thorn trees
shivering with uncertainty.

This rush and this roaring are
an elegy for the passing year,
sung in stronger voices than mine.

I can but add to the chorus,
in thanksgiving for all
that the rain has given me:

watered my spirit,

fertilised my earth,

taught me the names of her wild children
as they flowered:
first in the hedgerows,

then in my mind.

Brought me such bolting-bright
early hours,
as I walked with her
over the hills,
cleansed from night's shadows,

I dtreo is gur fhilleas abhaile,
mo shúile glas-ghlónraithe,
í cruinnithe orm gach áit
chun loinnir a thabhairt dom' chneas.

Go moch ar maidin
d'fhágas slán ag an mbáisteach,
ach gabhann mo chroí léi anois.
Ar ball,

is í ag cúlú ó na goirt
fágfaidh sí spéartha glana ina diaidh
a bhfáilteodh daoine eile rompu,

ach ní mise.

Is mé an páiste fearthainne aici,
ach ní thig léi mé a thabhairt léi,
san ithir atáimse fréamhaithe ní sa spéir.

Beidh orm fanacht go bhfillfidh sí,
is í ag teacht go teann an fharraige anall,
boiseog á tabhairt aici don ghrian,
do m'fháscadh chuici féin arís.

so that I returned home,
my black eyes glazed with green,
her being beading me all over
to sparkle my skin.

I said goodbye to the rain,
this early morning,
but my heart goes with her now.
Later,

as she retreats across the fields,

she leaves behind clear skies
that others welcome,

but not I.

The rain has made me her rain-child,
but cannot take me with her,
whose being is earth and not skybound.

I shall have to wait until she returns,
striding across the sea,
to slap away the sun,
and to take me in her arms again.

Iníonacha an Éithigh

Is séimh iad ár gcuid nósanna
ach tá an tíogar ionainn.
Más mín í ár dteanga
tá oighear inár gcuid féitheacha:

stróicfimis an croí amach as an namhaid

mar a bhrisfí arán
nó dos leitíse a tharraingt.

Níl aithne ag éinne orainn,
iníonacha an éithigh.

I gcás chnámh spairne,
dhéanfadh an móinteán leaba dúinn
chomh maith le tocht ceadaithe ar bith.

Léirímid trócaire do chách
Is níl trua againn d'éinne.

Cé go luíonn siad linne
Agus go gcuimlíonn an craiceann caorach,
Ní fheiceann siad riamh an mac tíre.

San aigne agus sa chroí
atá na starrfhiacla agus an crobh,
ní spáráiltear éinne.

Súile an phocaire gaoithe atá againn
gaol againn leis an bhfiántas fliuch.

Tar, tá an féasta leata romhat.
Cothaigh tú féin orm

Ní bhlaisfidh tú go deo de m'fhírinne.

The Daughters of the Lie

Our ways are mild
but we have tigers in the blood.
We speak them smooth
but ice runs in our veins:

we would tear the heart out of an enemy
as easily as we would break bread
or pull a lettuce.

Nobody knows us,
the daughters of the lie.

At a sticking point,
the heath is as good a bed for us
as any sanctioned mattress.

With mercy to all
we have pity for none.

Although they lie with us
and stroke the sheepskin,
they never see the wolf.

The fangs and claws
are in the mind and heart,
and nobody is spared.

We have kestrel's eyes
and our kin are the wildness and the wet.

Come, the feast is spread.
You can sate yourself on me

and never taste my truth.

Bhikareace kottent kavllo haglo.
Crow droppings fell into the beggar's bowl.
[In the midst of adversity comes more adversity].
Thit cac préacháin i mbabhla an bhacaigh.

Konkani proverb

Vimala Devi

Vimala Devi is the pseudonym of Teresa da Piedade de Baptista Almeida (born in 1932), a Goan writer, poet, and translator.

Her first collection of poetry Hora was published in Spain featuring poems in Spanish, Portuguese and Catalan, in which the three Iberian languages achieve a co-existence and equality that is rare.

She has to her credit several works of prose and poetry.

translator Dr Paul Melo e Castro

Paul Melo e Castro is a British scholar and academic, known for his work on editing and translating Indo-Portuguese literature. His area of expertise is Lusophone literature, film and visual culture.

He has translated and edited two book-length works, *Lengthening Shadows: An Anthology of Goan Short Stories* translated from the Portuguese (Volume I and II). He is also the author of *Shades of Grey: 1960s Lisbon in Novel, Film and Photography*. (London: MHRA Texts and Dissertations, 2011.) In 2016, he and Prof Helder Garmes of the University of São Paulo in Brazil collaborated to edit an undiscovered novel by the late Epitacio Pais, of Batim (Goa), called *Preia Mar (High Tide)*.

Goa

Maidin seo na ndeor, maidin an dóchais
Is liomsa do dheorasa.

Uaitse tagann achainí shinseartha
Dhobrónach.

I m'aignese is aisling shíoraí Phortaingéalach
A bheidh ionat go deo—
Cumasc na mainistreach is an phagóda.

Surya neimhe
Á cheilt féin go cúthail
Do chuid aibhneacha is gort
Á gclúdach le buairt
An druma is an mrdanga ina dtost
An mando ag caoineadh
Go pianmhar nósanna ár sinsear . . .
D'éamh agóide
Ina mhacalla múchta
Coinneodsa sa mheangadh
A bhronnais orm is mé im' pháiste
Do dhreach gealaí
Oícheanta seirce
An t-aon ríméad a bheidh orm
I mbrionglóid ollmhór seo na hoíche.

Cumhracht santail uaim,
Guth an choinsiasa sin a bheidh ionam:
Guth idir dhá shaol!

Goa

On this morn of weeping and hope
Your tears are mine.

From you comes a dolorous
And ancestral appeal.

In my mind you will always be
The eternal Portuguese dream
—a communion of abbeys and pagodas.

Divine Surya
Shyly hides
Covering in grief
Your fields and rivers
Drums and Mrdangas fall silent
Mandos are laments
Of a folklore in agony . . .

Your cry of protest,
Like a muffled echo
I shall preserve in the smile
You gave me as a child
And your moonlit expression
In nights of deepest love
Will be my one rapture
In this immense night's dream.

Wreathed in perfume of sandalwood,
I shall be the voice of that conscience:
The voice of two worlds!

Spéirmhná Dráivideacha

Siúd iad mná Curumbin ina bhféileacáin
Thar ghoirt ríse órga . . .
Is aerach meidhreach iad, a gcuid éadaigh
Ag teitheadh leis an ngaoth ba dhóigh leat
Cíocha breátha á nochtadh acu
A mhúnlaigh lámh neamhdhaonna!

Ina gcrainn phailme is greim acu ar an talamh,
An lá amárach á thógáil acu,
Cosnochta i ngoirt ollmhóra
Goa-Curumbina, ar nós sirtheoirí.

Spéirmhná Dráivideacha!

Dravidian Venuses

The Curumbin women flutter
Across paddies of gold . . .

Cheery and light, their clothes
Seem to flee with the wind
Revealing full breasts
Shaped by a dream hand!

Like palms gripping the earth,
The Curumbins build our tomorrow,
Feet bare in the vast fields
Of Goa-Curumbina, as if staking a claim.

Dravidian Venuses!

Xennantlo kiddo xennantuch urta?
Does a worm in cow dung remain in the dung forever?
[Every dog has his day].
An phéist sa bhualtrach, an mbeidh sí mar sin go deo?

Konkani proverb

Vishnu Wagh

Vishnu Surya Naik Wagh is a member of Legislative Assembly from St. Andre Constituency of North Goa, India—a member of Bharatiya Janata Party. He is a poet, writer, dramatist, journalist, and management consultant and trainer.

translator Augusto Pinto

Augusto Pinto is a book reviewer, translator (from Konkani to English) and lecturer in English.

Sudhirsukt: Laoi na Sudhir

Sudhir mé
Balbhán ab ea mo sheanathair
Agus bhí allaíre ar m'athair
Is de bhunadh na tíre seo mé
A mbolg lán ag strainséirí
Agus ocras ormsa de shíor.
Ba cheart go mbeadh an tír seo
Ina scairdeán gaoise
Ina áit sin, sé Kashi an deiscirt é
Agus Parashuram faoi ndeara é . . .
Nuair a chloisimse an t-ainm sin
Tagann goimh orm
Eisean a thug péist na sainaicmí
Go Goa an chéad uair

XX

Is cosúil gur scaoil Parashuram saighead
Sa mhuir agus gur chúlaigh sí
Insíodh an scéal sin bliain i ndiaidh bliana
Agus cuireadh an dubh ina gheal ar an Bahujan Samaj
Leis an mbréag sin theastaigh uathu a chruthú
Gurb iadsan a chruthaigh an tír seo
A lucht an pheaca: más sibhse a bhí anseo ar dtús
Cérbh iad na Mahar, Bhandari, Kharvi, Pagi,
Gawda, Velip, Dhangar, Kunbi:
Cérbh iad?
Lena gcuid allais agus lena gcuid fola
A dheineadar torthúil an tír seo
Sea sea: sinne, na Sudhir

XX

Sudhirsukt: Song of the Sudhirs

I'm a Sudhir
My grandfather was dumb
And my father was somewhat deaf
I'm an original settler of our land
Where outsiders have filled their stomachs
But I'm forever starving.
This land deserved to be
A fountainhead of wisdom
Instead it became the Kashi of the south
On account of that Parashuram . . .
The moment I hear his name
I get enraged
He's the one who first brought to Goa
The worm of casteism!

XX

It seems Parashuram fired an arrow
Into the sea and it receded
Repeating this tale year in and year out
They cheated the Bahujan Samaj
Through this lie they wanted to establish
That this land was created by them
You sinners: if you were the first here
Then who were the Mahars, Bhandaris, Kharvis, Pagis,
Gawdas, Velips, Dhangars, Kunbis:
Who were they?
To make this land fertile
They gave their sweat and blood
Yes, yes:
They are us Sudhirs.

XX

Shábháil sibh ár mbeatha
Trí éisc na Saraswati a ithe
Chun tuilleadh iasc a ithe
Arbh éigean daoibh an tír seo Gomant a shlo-
gadh?

XX

Chuir sibh deireadh
Leis an gcultúr bunaidh Airianach
Agus in áit na ndéithe neamhábhartha
Cuireadh isteach íola cloiche

XX

Bhí ar ár gcumas támhnéal a ruaigeadh
Is dul i dtámh, siúl trí thine
Labhairt aghaidh ar aghaidh
Le foirmeacha den dúlra a bhí beo
Ach sibhse le bhur nósanna Véideacha
Stróic sibh ár nasc srincne leis an timpeallacht
Dhíbir sibh
Na déithe is na bandéithe dúlra a d'adhramar
Is d'oscail teampaill
Na n-íol

XX

Pé dream a bhí i gcumhacht
Chuimil sibh mil leo
Agus nuair ba Kulkarni is Nadkarni sibh
Glanadh ár n-ainmneacha de na taifeadtaí
Agus le himeacht ama ba sibhse na tiarnaí talún
Agus sinne bhur searbhóntaí
Ó shin i leith is ag sclábhaíocht atáimid
Ar mhaithe libhse
Sea sea díreach é
Sinne, na Sudhir

XX

You saved your lives by eating
The fish from the River Saraswati
To eat more fish did you need
To gobble up this land of Gomant?

XX

You uprooted the original culture
Of the non-Aryans
And where once were immaterial Gods
There you installed stone idols

XX

We could drive away stupors and fall into trances
Walk through fire
We'd speak face to face
With forms of nature itself that were alive
But you with your Vedic customs
Tore apart the umbilical cord with our environment
You wiped out
The gods and goddesses of nature we worshipped
And opened temples
For idol worship

XX

Whosoever came to power
You wormed your way into their favour
And by becoming Kulkarnis and Nadkarnis
You obliterated our names from the records
And in time you became the landlords
And we became your servants
Since then we've been wearing out
Our lives for your sakes
Yes, yes
We are exactly those Sudhirs.

XX

An snáth beannaithe ar bhur nguaillí
Timpeall ár mbásta a bhí an snáth seo againne
Ár bhfuinneamh caite againn
Ag bailiú bhur bpunann ríse
Agus d'itheamar go mall
An grán a thit, an fuílleach.
Mar shearbhóntaí bhíomar gan chumhacht
Ar thuarastal lae ba sclábhaithe sinn
Scuabamar bhur vearanda
Agus diamaint ag sileadh dár gclár éadain feadh an ama
Sea sea díreach é
Sinne na Sudhir úd

XX

Níl swami ar bith againne
Ná mainistir
Dúnta inár gcoinne atá sanctóir an teampaill
In bhur ndorn atá dia
Más éagsúil sibh is mar a chéile sibh
Bídís cothrománach nó ingearach
Is maith a oireann na comharthaí sainaicme
ar bhur gclár éadain do bhur stádas Mahajan
Sibh luite in aghaidh cholúin an teampaill
Fad is atá an rath á iompar ar na guaillí seo againne
Cead isteach agaibhse sa sanctum sanctorum
Is sinne ag crochadh thart lasmuigh
Libhse an prasad go léir ó cheart
Agus glúin i ndiaidh glúine
Gan faic ar an duilleog seo againne
Ach an fuílleach
Sea sea
Sinne na Sudhir

XX

On your shoulders the sacred thread
We wore our threads around our waists.
We exhausted our energy
Gathering your sheaves of paddy
And silently we ate
Fallen, leftover grain.
Being servants we were powerless
Slaves of your daily wage
We swept your verandas
And from our foreheads dripped a lifetime of diamonds
Yes, yes
We are those Sudhirs

XX

We have no swamis
And we have no mathas
The sanctum of the temple is closed to us
God lies in your fist
With all your differences you are all one
Whether horizontal or vertical
The caste marks on your foreheads
That indicate your Mahajanship suit you well
You lean against the temple pillars
While the rath is carried on our shoulders
You can enter the sanctum sanctorum
While we hang around outside
All the prasad is yours by right
In our leaf
For generation after generation
Came pittances
Yes, yes
We are the Sudhirs.

XX

Chuir sibh baracáidí thart ar dhaoine
Níor ith sibh ach éisc den scoth
Thaistil sibh ar bhóithre ríoga
Na bóithre seo againne lán de sclaigeanna
D'fhonn freastal ar na déithe
Dúirt sibh go dtógfadh sibh teampaill
Ach taobh leis na teampaill
Thóg sibh háraim
Iad siúd atá ag freastal ar na déithe
Iompaithe ina gcailíní rince agaibh
Cén cur amach atá ag an íol cloiche air seo go léir
Bhain sibh an-súp ar fad as an saol
Dhein cumhacht thiarnúil an reiligiúin
Chomh sotalach sin sibh
Gur chruthaigh sibh fiú amháin
Sochaí ab ísle fós ná na Sudhir
Ó, a aicme an mhí-áidh!
Tá an domhan athraithe.
Ar nós an fhéinics ón luaith
Is ag éirí atá siad anois
Mar sin féin braithim fós
Arraing uafásach im' chroí
Ag smaoineamh dom ar bhur n-ainghníomhartha
Sea, sea
Is Sudhir sinn!

XX

Cruinníodh le chéile inár ndaimh sinn
Is cuireadh cuing orainn
Agus nuair a tugadh an fómhar isteach
Cic sa tóin a fuaireamar
Allas á chur againn sna goirt
Sibhse ag comhaireamh an airgid
Is milis é bhur mún fiú amháin

Placing barriers around people
You ate the best fish
You travelled on regal roads
Our paths were full of potholes
To serve the gods
You said you built temples
But besides the temples
You built harems
Those serving the gods
You turned into devadasis
What does the stone idol know of all this
You indulged yourselves to the brim
The overwhelming power of religion
Made you so arrogant
You even created
A society even lower than that of the Sudhirs
O unfortunate caste!
The world has now changed.
And like phoenixes from the ashes
They are rising in the sky
But the memories of your misdeeds
Creates even now
A terrible wound in my heart
Yes, yes
We are Sudhirs!

XX

Like oxen you rounded us up
And yoked us
And after the harvest was brought in
You kicked us in the arse
In the fields we expended sweat
You counted the cash
Even your piss is sweet

Is searbh í ár bhfuilne!
Nach cliste a bhí sibh:
Ár mbréid gabhail á fhliuchadh againne
Is an thigur á ithe agaibhse!
Mar sin féin tháinig eagla oraibh
Go n-iompódh ár ndorn in bhur gcoinne
Mar sin ghearr sibh na féitheacha rosta dínn
Gan trua gan taise
Sea, sea
Is Sudhir sinn

XX

B'fhéidir gur shíl sibh
Gurbh amadáin iad ár sinsir
Is nach lasfaí tóirse
Ar chosán dorcha
Tháinig meirg orainn is sibh ag satailt orainn
Deineadh moirt dínn ar nós ón gcnó caisiú
Agus sú ár mbeatha á bheiriú agaibh
Driogadh biotáille asainn
Bhí rith an rása agaibh
Traidisiún an éadóchais
A bhain le seanathair balbh, athair is allaíre air
Ina luí inniu sa reilig
Cuireann sé sin flosc chun troda orainn
Sea, sea
Sudhir sinn

XX

Ár seanghiobail againn á stróiceadh
Athionchollú nua foirmithe againn inár gcroí
Meallta súl ina lampaí
Lasfaimid coinnle de sholas na gealaí

328

Our blood is bitter!
You were really shrewd:
We kept wetting our loincloths
While you ate the thigur!
Yet you did have fear
Of our fists turning hostile
So you brutally slashed off
The veins in our wrists
Yes, yes
We are Sudhirs

XX

Perhaps you thought
Our ancestors were idiots
Who on dark footpaths
Nobody would show a torch
We rusted as you trampled us underfoot
You turned us into dregs like of cashew juice
And boiling the sap of our lives
You distilled liquor out of us
Everything was in your favour
A dumb grandfather, a deaf father
Their tradition was of hopelessness
Buried in a cemetery today
This gives us the courage to fight
Yes, yes,
We're Sudhirs

XX

Tearing up our old clothes
We've formed a new incarnation in our hearts
With lamps of our eyeballs
We'll light candles of moonlight

Maidneachan oscailte atá uainn
Táimid bréan bailithe de na hoícheanta dorcha seo!
Dúinne an mantra Shambhukalo
Scríbhinní Tukaram
Deineadh lampa den solas
Agus guth a fuarthas ó Bhim!
Táimid chun na shastras a réiteach
Tá liú le clos ó gach taobh
Táthar ag súil le cath mór
Sea, sea
Is Sudhir sinn

XX

Má ta de mhisneach ionaibh
Aghaidh a thabhairt orainn
Scoiltfimid bhur mblaosc
Agus náireofar os comhair an tsaoil sibh!
Den chéad uair leis na cianta
Tá an chosmhuintir suaite
Tá cúiteamh uathu
Agus tá siad ag bualadh ar an doras . . .
Tilka fola ar a gclár éadain acu
An dorchadas á dhó ag tine bheannaithe
Támhnéal orainn, táimid réidh
Mar a bheadh pir buile
Agus léireofar ár neart don Bhrámanachas
Os comhair an tsaoil mhóir . . .
Iad siúd atá linn
Feicfidh siad nach thíos atáimid a thuilleadh
Ní toisc gur Sudhir sinn
Ach toisc gur mian linn maireachtaint mar dhaoine . . .
Díreach mar dhaoine
Sinne . . . an dream is cróga ar domhan
Sudhir sinn!

We want an open dawn
We're fed up of these dark nights!
For us the Shambhukalo mantra
The writing of Tukaram
The light has become a lamp
With the voice given by Bhim!
We're going to straighten out the shastras
 On all sides has begun an outcry
For a great battle
Yes yes
We are Sudhirs

XX

If you have the guts
Come before us
We'll crack your skulls
In a flood of public humiliation!
For the first time in centuries
Our mobs are now incensed
They want reparation
And they're banging on your door . . .
With tilaks of blood on their foreheads
A holy fire is burning away the darkness
Our bodies in a trance, our loins girded up
We've become mad pirs . . .
And we'll show your Brahminism
Our strength in public . . .
And all who are with us
Will see that our fortunes are reversed
Not because we're Sudhirs
But just to live like human beings . . .
Just to live like human beings . . .
We're . . . the bravest of humankind
We're Sudhirs!

An Difríocht

Itheann siadsan éisc
Ithimidne éisc.

XX

Ólann siadsan
Ólaimidne

XX

Focálann siadsan mná
Focálaimidne mná leis.

XX

Bíonn folcadh acusan
Bíonn folcadh againne.

XX

Tar éis sinn féin a ní
Bíonn siadsan glan.
Fanaimidne truaillithe, áfach

XX

Nó conas a ligfí isteach sa seomra urnaí iad
Is lámh a leagan ar Dhia
Agus sinne ag breathnú ón dtaobh amuigh
Gan baint a bheith againn leis?
Tá difríocht
Eadrainn.

XXX

The Difference

They eat fish
We eat fish

XX

They booze
We booze.

XX

They fuck women
We fuck women too.

XX

They bathe
And we bathe too.

XX

After we bathe
They become pure.
We however remain polluted.

XX

Otherwise
How could they have entered the prayer-room
And touched God?
While we would just look from outside
But stay away?
There is a difference
Between them and us.

XXX

Tuata

Níor thuigeas ar dtús na cleasa a bhí acu
Chun sainaicme a aithint,
Lá amháin thugas cuairt ar thigh carad.
Bhí uncail liom ina shuí sa vearanda.
Cuireadh in aithne dá chéile sinn.

XX

Wagh? Duine againn féin mar sin, a mhic?
Arsa Uncail is dhein gáire beag cairdiúil.
Bhí mearbhall orm.

XX

Chun nach mbeadh aon amhras orm a thuilleadh
Ar seisean ansin—
'Tá tú gaolta ní foláir leis na Kamat Waghs as Ribandar.'
'Níl,' a deirimse.
'As Karwar duit mar sin.'
'Ní hea. De bhunadh Goa sinn.'
'Dáiríre? Cén áit?'
'As Dongrim.'
'Caithfidh gur mahajan thú den teampall Ram mar sin.'
'Ní hea. Is sati í an bandia seo againne.'

XX

Tar éis dó an méid sin ar fad a rá
Ní raibh Uncail céad faoin gcéad cinnte—mar sin ar sé—
'Tá go maith, cén dia a bhaineann le bhur bhfine, abair liom.'
'Siddhanath!' a d'fhreagair mé.
'De Shiroda?'
'Sea.'
'Ní GSB sibh mar sin?'
'Ní hea, a Uncail, is Bhandari sinn.'

XX

Secular

At first I wasn't aware
Of the techniques they used to identify caste.
One day I went to a friend's home.
In the verandah sat an uncle.
We were introduced.

XX

Wagh? So you're one of us, son?
Uncle said chuckling.
I was confused.

XX

Still to clear any doubts
He asked—
"You must be related to the Kamat Waghs of Ribandar."
"No," I replied.
"Then you must be from Karwar."
"No. We're from Goa itself."
"Really? From where?"
"From Dongrim."
"So you must be a mahajan of the Ram temple."
"No. Our goddess is a sati."

XX

Even after speaking so much
Uncle wasn't completely sure—so he asked—
"Okay, so who is the god of your clan, tell me."
I replied, "Siddhanath!"
"Of Shiroda?"
"Yes."
"Which means you aren't a GSB."
"No Uncle, we're Bhandaris."

XX

Gháir Uncail os ard. Thosnaigh sé ag rá—
'Ná bí buartha. Níl ann ach fiosracht.
Ní ghéillimidne do shainaicmí ná do chreidimh.
Seo, bíodh braon tae agat.
Bhfuil fhios agat: tá Goa thíos leis go mór
De dheasca na ndeighiltí seo idir dhaoine.
Cé atá ina Bhráman? Cé atá ina Shudhir?
Cén bhrí a bhaineann leis na difríochtaí sainaicme is creidimh seo?
Ba chóir dúinn a bheith tuata.
Caithfidh sochaí gan sainaicmí a bheith againn, tá's agat?

XX

D'fhan sé ag faire orm
Ag súil le freagra.
Bhí mo cheann cromtha agam.
Ach le linn dom mo chuid tae a ól
Ní fhéadfainn mo shúile a bhaint
Den snáth beannaithe
Ar ghualainn m'Uncail.

Sainaicmí
Ní fhiosraíonn éinne anseo
Faoi shainaicme an duine eile
Ach aithníonn ciaróg
Ciaróg eile.

XX

Gawda eisean, Bandari é siúd
Kharvi eisean, Chari é siúd,
Vani eisean, Gawli é siúd
Madval eisean, Kansar é siúd
Mhalo eisean, Kalaikar é siúd,
Maratha eisean, Satarkar é siúd,

Uncle laughed aloud. He began to say—
"Don't be offended. I just happened to ask.
We don't believe in caste and creed. Come, have your tea.
You know: the greatest loss for Goa
Has resulted from these caste divisions.
Who's Brahmin? Who's Sudhir?
What meaning do these differences of caste and creed have?
We should be secular
We must have a casteless society, you know?"

XX

Uncle in the hope
Of getting a reply, kept watching.
My head was bent.
But as I drank my tea
My gaze got affixed on
The sacred thread on Uncle's shoulder.

Castes

Here nobody asks
About the other's caste
But everybody knows
Who's who

XX

That's a Gawda, that's a Bhandari
That's a Kharvi, that's a Chari,
That's a Vani, that's a Gawli,
That's a Madval, that's a Kansar,
That's a Mhalo, that's a Kalaikar,
That's a Maratha, that's a Satarkar,

Chamar eisean, Mahar é siúd
Shet eisean, Kumbhar é siúd,
Tá aithne ag gach éinne ar a chéile.

XX

Ní luafar
Go hoscailte é
Ach mar a bheadh nathair is dhá cheann uirthi
Fanann cuachta suas
San eireaball.

XX

Táimidne ceart go leor ar aon chuma
Tá ceastaí laistigh de cheastaí ina measc siúd
Cuid acu cothrománach
Cuid acu ingearach
Ar aon nós
Bíonn ballaí idir bhallaí
GSB an duine seo, Chitrapur é siúd, agus is Bardezkar é an duine eile.

XX

An saghas amháin iad na sagairt ar a laghad?
Ina measc siúd leis faightear Chitpavan
Dravid cuid acu, nó Padhe
Agus Kirvont a thuilleadh fós.

XX

Bíonn sainaicmí ag daoine
An mbíonn daoine ag sainaicmí?
Ní bhaineann sainaicme ar bith le hocras
An mbíonn ocras ar shainaicme?

That's a Chamar, that's a Mahar,
That's a Shet, that's a Kumbhar,
Everyone knows each other.

XX

Caste won't be come upfront
On anyone's lips
But like the snake with two heads
It remains coiled up
In the tail

XX

At least we are okay
Among them there are castes within castes
Some are of the horizontal kind
Others are of the vertical
And besides
There are walls between walls
This one's a GSB, that's a Chitrapur, and the other's a Bardezkar.

XX

Are the priests at least one?
Among them too some are Chitpavan
Some Dravid, some Padhe,
And some Kirvont

XX

People have castes
Do castes have people?
Hunger has no caste
Does caste have hunger?

Bíonn dúil éigin
Arraing éigin ag gach sainaicme
Ach an mbaineann sainaicme ar bith
Le dúil, le harraing?

XX

Moladh go deo leis an gcunús lofa
A chuir tús le sainaicmí
Agus a thóg fálta
Thart ar chorpáin.

Every caste has some desire
Some agony
But does desire and agony
Have any caste?

XX

All praise to the son of a cunt
Who invented caste
And on humanity's corpses
Built fences.

Yusuf A. Shaikh

(1948–2017)

Yusuf A. Shaikh received the Akashwani Award for his documentary in Konkani *Poder*. He was the recipient of Goa Kala Akademi's Sahitya Puroskar, Konkani Bhasha Mandal award for his book *Gantthi*. By Goa Writers' Circle he was awarded for his short story 'Uzvatintlea Dhunvrantlean'.

For his contribution to Konkani language, he received the Fr Antonio Pereira Puroskar from Thomas Stephens Konknni Kendr in 2008, and the prestigious Goa State Literary Award from the Goa Government in 2015.

translator R. S. Sriniwas

R. S. Sriniwas has translated more than 100 Konkani poems of R. S. Bhaskar into English, some of which have appeared in Indian Literature—the literary journal of Sahitya Akademi.

He has translated more than 30 textbooks for various courses and subjects for universities in Kerala, and the *Bhagavath Geetha* from English into Konkani. *The Traveller of the Transforming Times* is his forthcoming English translation of poems by poet R. S. Bhaskar.

Grámhar

Fiú ma chlúdaíonn scata cuilteanna é
Is in ucht a mháthar amháin
A bhraitheann páiste an teas

Fiú má chantar go leor amhrán
Amhráin deabhóide amháin
A bheannaíonn an croí

Má tá béilteach thine ann
Comhrá súil le súil amháin
A scaipeann fionnuaire

Lovingly
[Mogaan]

Even while lying under several coverlets
The child gets warmth
Only on its mother's lap

Even if songs are sung galore
The heart becomes blessed
Only by devotional songs

However hugely the fire is blazing
Everything will cool down
By talking eye-to-eye lovingly

Dán

Ar ghaineamh na trá
Loirg choise mar a bhí

Rian na gcarraigeacha sléibhe
Faoi na loirg choise mar a bhí

Greim ar bhláth id' ghlac
Priocann dealg an lámh go pianmhar

Déanann drochsmaointe
An-damáiste dúinn istigh

Smaointe uaisle amháin
Atá fónta

A Poem
[Ek Kavitha]

On the sands of the seashore
Footprints remain undisturbed

Marks of mountain rocks
Remain undisturbed under the footprints

While holding a flower in one's hand tightly
Its thorn pricks the hand causing pain

Evil thoughts
Cause serious internal damage

Only noble thoughts
Can be beneficial

Ó, a Ghoa, ar Stáitse d'Anama

Ar stáitse d'anama, a Ghoa
Saolófar mé sa tslí chéanna
Sa tslí chéanna seo a thabharfar mo ghuth dom
Agus sa tslí chéanna a chanfaidh mé choíche

A Ghoa, i d'uchtsa go sásta
Báfar i mbáisteach do ghrása mé
Osclaítear brat an cheoil
Aoibhneas á bhaint as rithimí fuaime

Tá fuinneamh nua is ríméad nua uaim
Le bheith im' pháiste arís
Is aoibhinn í mo thírse
Is mór an pléisiúr dom maireachtaint ann

Tá fairsinge aigne anseo
Freagraíonn an grá don ghrá
Mil an tsonais agam á hól
Ar thonnta Mandovi, d'aon chuisle leo

Oh! Goa, On the stage of your soil [Goya thuje rangbhuyer]

On the stage of your soil, oh! Goa
I must be born in this very same way
In this very same way I must get my voice
And I must sing continually in the very same way

Oh! Goa, with satisfaction on your lap
I must be drenched in the rain of your love
Pulling the curtain of music
Again delight myself in the rhythm of sound, I must
I must get new happiness and enthusiasm
And become a child again, I must
Blessed is this land
To live here is pleasurable

Here there are spacious minds
Love is anwered with love
Drinking the honey of happiness
I must dance in rhythm on the waves of the Mandovi

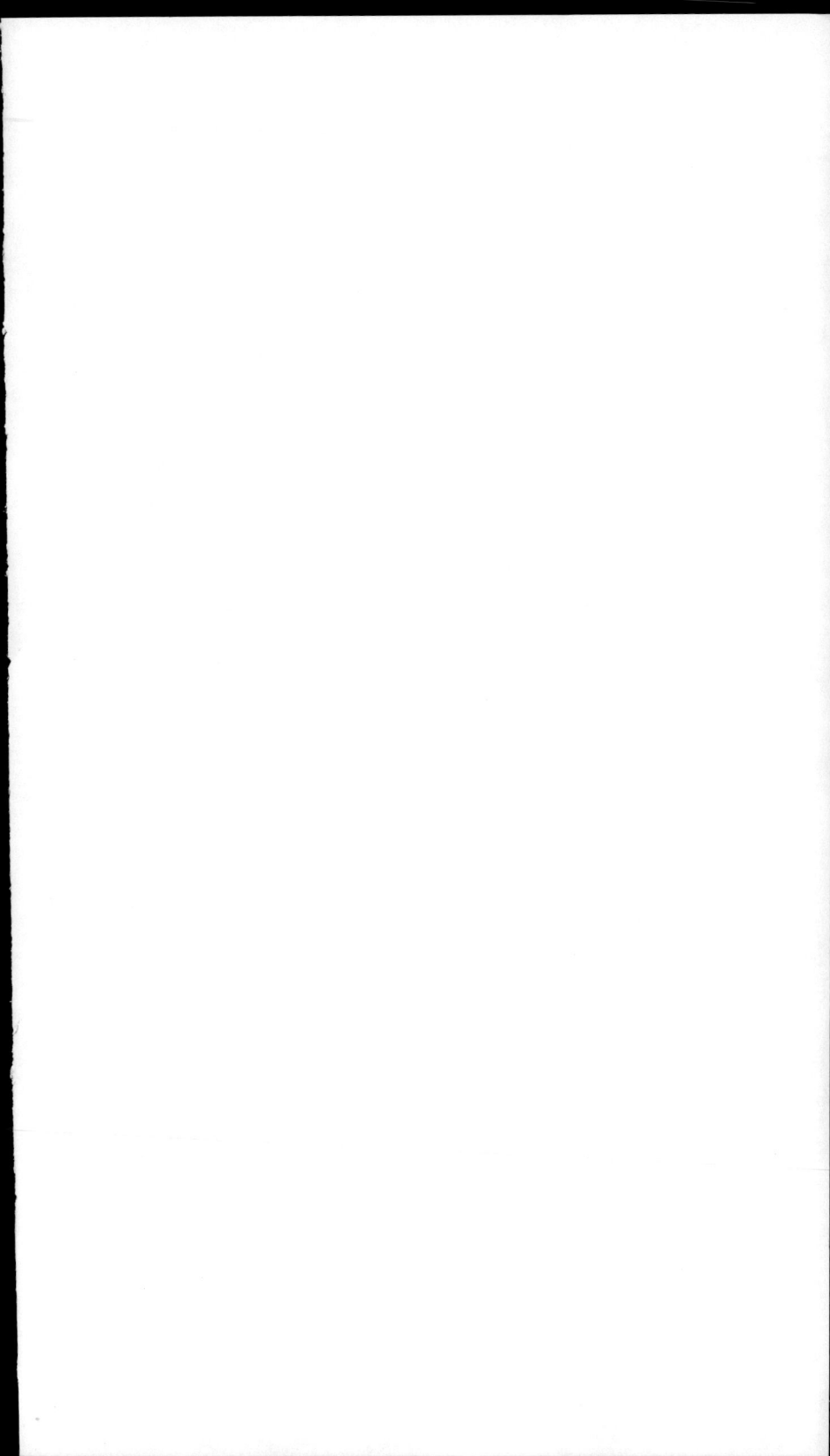

www.ingramcontent.com/pod-product-compliance
Lightning Source LLC
Chambersburg PA
CBHW031233090426
42742CB00007B/181